Viva ITALIA

ANTONIO CARLUCCIO

Viva ITALIA

Die 100 besten Rezepte
aus dem kulinarischen Herzen Italiens

WILHELM HEYNE VERLAG MÜNCHEN

3. Auflage

Titel der englischen
Originalausgabe:
Antonio Carluccio's Italian Feast

Ins Deutsche übertragen
von Angelika Feilhauer

Die Originalausgabe erschien im
Verlag BBC Books, London

ISBN 3-453-09752-1

Umschlaggestaltung: Art & Design
Norbert Härtl, München
Buchgestaltung: Harry Green
Fotografie: Foodfotos Graham Kirk,
alle übrigen Cassie Farrell;
Seite 5: Priscilla Carluccio

Satz: KortSatz GmbH, München
Druck und Bindung:
Butler & Tanner Ltd.,
Frome & London
Printed in Great Britain

Einige Gerichte in diesem Buch werden mit Wildpilzen zubereitet. Das Kochen und Verzehren mancher Wildpilzarten kann gefährlich sein. Wenn Sie auch nur den geringsten Zweifel an der Eßbarkeit Ihrer selbstgesammelten Pilze haben, essen Sie sie auf keinen Fall. Verlag und Autor übernehmen keinerlei Verantwortung für die Folgen irgendwelcher Irrtümer bei der Identifizierung und Verwendung von Pilzarten.

Ich widme dieses Buch meinem ersten Enkelkind,
Scott Patrick, der seine erste feste Mahlzeit,
einen Risotto, im zarten Alter von sieben Monaten
so sehr genossen hat, daß er davon drei Portionen
verschlang; und auch wegen seiner
vielversprechenden Begeisterung für die Welt der
Pilze schon mit achtzehn Monaten.

DANKSAGUNG

Meine tiefe Dankbarkeit gilt meinen Freunden und Weggefährten, die in der einen oder anderen Weise hart daran gearbeitet haben, daß dieses Buch rechtzeitig erscheinen konnte:

Roberto Bava; Peter Bazalgette; Silke Bruenink; Nina Burgai; Alessandro Carluccio; Priscilla Carluccio; Rosalba Carluccio; Gennaro Contaldo; Cassie Farrell; Luigi Ferrando; Gabriele Ferron; Richard Gay; Signora Giacobazzi; Jo Gilks; Giorgio Gioco; Giorgietto Giugiaro; Laura Giugiaro; Heather Holden-Brown; Graham Kirk; Giuseppina (Pinuccia) Novara; Helen Payne; Frank Phillips; Renato Piccolotto; David Pritchard; Liz Przybylski; Bruno Roncarati; Count Carlo Maria Rocca; Natale Rusconi; Stefano Secoli; Olga Urbani; Doug Young; dem Alessi-Laden, London; dem Conran-Laden, London; Carluccios Laden, London; dem Neal Street Restaurant, London.

INHALT

EINLEITUNG

Während der dreißig Jahre, in denen ich nun im Ausland lebe, bot sich mir die Möglichkeit, viele Küchen auszuprobieren. Dies ist eine Sache, die ich immer ernst genommen habe: erstens um meine kulinarische Neugier zu befriedigen, und zweitens um festzustellen, ob es eine andere Küche gibt, die ich der italienischen vorziehen würde.

Ich muß gestehen, daß ich zwar eine ganze Reihe anderer Küchen schätze, die italienische jedoch diejenige bleibt, für die ich mich wirklich begeistern kann. Die Kochkunst, wie ich sie zunächst von meiner Mutter erlernte und dann vierzig Jahre lang praktizierte, und auch meine im Ausland gesammelten Erfahrungen haben mich in dem Glauben bestärkt, daß unsere Küche eine der besten der Welt ist.

Als ich vor kurzem die nördlichen Regionen Italiens besuchte, um dort für meine Serie bei der BBC Filmaufnahmen zu machen, wurde meine Hoffnung bestätigt, daß die italienische Küche auch während meiner langjährigen Abwesenheit nicht der Versuchung schneller Kochmethoden erlegen ist. Zwar diktiert eine schnellere Lebensweise in man-

chen Fällen auch eine schnellere Art des Essens, vor allem in den großen Städten, was aber zweifellos keine Verbesserung der Lebensqualität darstellt.

Ich empfand es daher als Beruhigung, während einer meiner Reisen auf die »Slow Food Society« zu stoßen. Diese Gesellschaft wurde 1986 von Carlo Petrini gegründet und hat ihre Zentrale »cumristorante« in der piemontesischen Stadt Bra. Die Vereinigung gewinnt weltweit immer mehr Mitglieder. Sie empfiehlt, in jeder Beziehung das Tempo zu reduzieren, von jeglicher Hektik abzulassen und meisterhaft zubereitetes Essen »langsam« und friedlich in Gesellschaft Gleichgesinnter zu genießen. Wir sind doch ständig damit beschäftigt, unseren Lebensunterhalt zu verdienen, und einige arbeiten noch hektischer, um Geldsummen zu scheffeln, die sie niemals ausgeben können. Dies bezahlen wir mit gewaltigen Abstrichen an unserer Lebensqualität. Die »Slow-Food-Gesellschaft« ermutigt uns, das Leben leichter zu nehmen, ohne auf einen gewissen Fortschritt zu verzichten, und das nenne ich Kultur.

Es ist schon merkwürdig, daß die italienische Küche von heute im letzten Jahrhundert durch das Bemühen der Armen entstand, die kulinarischen Sitten der wenigen Reichen und Mächtigen nachzuahmen. Die Armen, die die Reste riesiger Bankette bekamen, wurden Zeugen dessen, was die Reichen alles auftischten. Die Bauern versuchten, an diesen Freuden teilzuhaben, und da ihre Mittel äußerst begrenzt waren, bemühten sie sich, mit Erfindungsreichtum alles zu nutzen, was sie hatten, was wahrlich oft sehr wenig war. Und so kamen Dinge in die Küchen der Armen, die es draußen in der Natur umsonst gab. Nun haben sich die Dinge umgekehrt.

Heute müssen Qualität und Geschmack von Löwenzahn, Rauke (Rucola), Oregano, Minze, Hopfenspitzen, wildem Spargel und allen Arten von wildwachsenden Pilzen – die Zutaten der Bauern – teuer bezahlt werden. Nach Jahrhunderten sind sie von den Reichen übernommen worden und Grundlage heutiger Spezialitäten. Sie werden in Geschäften für viel Geld angeboten, doch wer sich in Wildgemüsen auskennt und gern einen Spaziergang im Grünen macht, kann sie selbst sammeln.

Die italienische Küche entwickelte sich aus Einflüssen während des römischen Kaiserreiches, der Invasionen von Normannen, Zimbern, Teutonen, Ost- und Westgoten, der Gallier und, von Osten, der Slawen und südlicher Kulturen der Griechen, Araber, Etrusker und Sarazenen. Ein intensiver Handel begann, als die vier wichtigsten Seehäfen Venedig, Genua, Pisa und Amalfi, die sogenannten vier »repubbliche marinare«, im 14. Jahrhundert begannen, wertvolle Gewürze aus dem Nahen Osten einzuführen wie Safran, der sogar als Währung diente und dafür sorgte, daß die italienische Küche eine fremdländische Note bekam, welche Venezianer und Toskaner bei der Zubereitung ihrer Speisen bereitwillig annahmen. Diese hochentwickelte Küchenkultur wurde ins restliche Europa exportiert, hauptsächlich nach Frankreich, wo aus ihr die berühmte französische Küche entstand.

In der Zwischenzeit fanden auch Nahrungsmittel, die Männer wie Kolumbus von ihren Entdeckungsreisen mitbrachten, Eingang in die italienische Küche. Tomate und Kartoffel sollten solche Bedeutung gewinnen, daß sie heute aus der Küche Italiens nicht mehr wegzudenken sind. Es ist diese Wanderung von Nahrungsmitteln, die mich schon vor Jahren faszinierte und veranlaßte, zu einem »Apostel der italienischen Küche« im Ausland zu werden.

Jeder Aspekt der italienischen Küche, ob arm oder reich, ist ein Stück Kultur und sollte als solches bewahrt und fortgeführt werden, gleichzeitig aber Neuerungen erlauben. Die moderne Lebensweise mit all ihren technologischen Hilfsmitteln bei der Essensbereitung für riesige Zahlen von Menschen hat dazu geführt, daß große Mengen produziert werden können, doch meiner Meinung nach hat das seinen Preis. Beim Tiefgefrieren als Konservierungsmethode geht es lediglich darum, die Haltbarkeit eines Produktes zu verlängern, um eine bessere Verbreitung zu ermöglichen. Bedauerlicherweise leiden darunter Geschmack, Konsistenz und Duft. Der Unterschied zwischen traditionell erzeugten und mit heutiger Technologie hergestellten Lebensmitteln ist sehr deutlich zu schmecken, und daher sind Speisen, die mit letzteren Zutaten bereitet werden, nicht mehr die gleichen wie einst.

Der Überblick über einen Teil der regionalen Küche Italiens, den ich, dank der BBC, in meinen Sendungen geben konnte, ist nun in dieses Buch eingegangen, das Ihnen, wie ich hoffe, einen Eindruck von der echten norditalienischen Küche vermittelt. Wir haben unsere Mitarbeiter in bestimmte Gegenden und zu Menschen geschickt, von denen ich wußte, daß sie großartige Speisen nach traditionellen Methoden zubereiten würden. Zum Teil stammen die Rezepte und Ideen von mir selbst, zum Teil wurden sie mit der freundlichen Erlaubnis von mir bekannten Menschen übernommen. Doch bis heute ist allen Italienern der Wunsch gemein, gut zu essen. Sie betrachten ihre Ernährung als Fortführung jahrtausendealter Traditionen, indem sie nur die angenehmen Seiten des modernen Lebens übernehmen und versuchen, Schnellverfahren zu meiden. Was Sie für eine gute italienische Küche brauchen, ist nicht die dicke Geldbörse, sondern Phantasie, Kenntnisse um die Produkte, ein wenig Geduld bei der Zubereitung und den Wunsch, glücklich und gesund zu leben. Darin besteht, wie ich glaube, die kulinarische Philosophie Italiens.

ANTONIO CARLUCCIO

DIE SPEISEKAMMER

Um italienisch kochen zu können, muß man nur wenige Waren auf Vorrat kaufen, denn die italienische Küche basiert auf frischen Zutaten. Die folgenden Lebensmittel sind mehr oder weniger die einzigen, die Sie meiner Meinung nach parat haben sollten, um in kürzester Zeit eine gute Mahlzeit zubereiten zu können.

FETTE UND ÖLE

Sowohl Butter als auch Olivenöl benutzen Italiener täglich. Butter wird mehr im Norden verwendet und kann einfach im Kühlschrank aufbewahrt werden, aber natürlich müssen Sie auf das Verfallsdatum achten. Darüber hinaus sollten Sie mindestens drei Öle vorrätig haben, was bei dem heutigen Angebot kein Problem sein sollte.

Zum Braten oder Fritieren eignet sich ein aus Samen gewonnenes Öl, wie beispielsweise Sonnenblumenöl, gut. Zum Fritieren von Fisch möglichst ein Öl verwenden, das man nach Gebrauch weggießen kann. Als Grundlage für Saucen und zum Braten bestimm-

ter Nahrungsmittel, denen man den milden Geschmack von Oliven verleihen will, sollte man reines Olivenöl verwenden. Und drittens sollte man ein wirklich gutes natives Olivenöl (extra vergine) im Vorratsschrank haben, nach Möglichkeit ein kaltgepreßtes Produkt, das ein für seine Herkunftsgegend typisches Aroma hat. Ein wirklich hochwertiges Olivenöl sollte nicht zum Kochen verwendet werden, da es seinen Geschmack und seine Beschaffenheit einbüßt. Am besten verwendet man es für Salate.

Kein Öl sollte zu lange gelagert werden. Wenn Sie keine großen Mengen brauchen, kaufen Sie kleine Flaschen.

ESSIG

Ich habe stets einen guten *aceto di vino bianco,* Weißweinessig, im Haus, der sich gut für Salate eignet und Saucen oder Marinaden zugefügt werden kann. Die Auswahl von *aceto balsamico* – Balsamessig – ist schwieriger, da es verschiedene Typen von unterschiedlicher Qualität und für mittleren bis hohen Preis gibt. Der teuerste Balsamessig ist *aceto balsamico tradizionale di Modena.* Es ist ein ganz besonderer Essig, der einige Jahrzehnte reift. Er wird tropfenweise auf zarten gedämpften Fisch, rohes Fleisch oder gegrilltes helles Fleisch gegeben. Man kann ihn aber auch auf einem Stück Parmesan essen, und einige Leute, die ich kenne, trinken ihn in kleinen Mengen einfach so.

Anderer Balsamessig ist fünf, zehn oder fünfzehn Jahre alt und preiswerter (billiger Essig ist aber wahrscheinlich nicht echt), und wenn er auch nicht den Zusatz *tradizionale* tragen darf, eignet er sich doch für Saucen, Vinaigrettes und besonders feine Marinaden.

PASTA

Ich würde empfehlen, daß Sie in Ihrem Vorratsschrank immer ein Paket kurze getrocknete Pasta, etwa *tubettini* oder *farfalline* (kleine Röhrchen oder Schmetterlinge) für Suppen oder *minestrone* aufbewahren, ein Paket Spaghetti, ein Paket größere Pasta wie beispielsweise *conchiglie* (Muscheln) und ein Paket Eier-Tagliatelle. Falls Sie verschiedene Nudelsorten übrig haben, machen Sie daraus am besten Pasta-Bohnen-Suppe. Vergessen Sie aber nicht, von Zeit zu Zeit das Verfallsdatum zu prüfen.

REIS

Der beste Reis für einen traditionellen Risotto ist Carnaroli, der »Rolls Royce« unter den Reissorten. Für venezianische Risotti eignet sich Vialone Nano am besten, und auch Arborio ist eine gute Reissorte. Für die Zubereitung eines Risottos sollten nur diese Reissorten verwendet werden.

POLENTA

Für eine gute Polenta nimmt man *farina di polenta,* nicht zu fein gemahlenes Maismehl. Um Polenta zu garen, muß man sie 40 Minuten ständig rühren, was italienische Bäuerinnen früher Tag für Tag machten. Heute gibt es sogenannte Instant-Polenta, die in fünf Minuten fertig ist und eine gute Alternative darstellt. Von beiden Typen sollte man stets eine Packung im Vorratsschrank haben.

MEHL

Für handgemachte Pasta kann handelsübliches Mehl aus Weichweizen (Type 405) verwendet werden. Industriell hergestellte italienische Pasta besteht hingegen gewöhnlich aus Hartweizengrieß. Im Süden Italiens verwendet man ihn auch für bestimmte Arten von handgemachter Pasta.

TOMATEN

Ich verzichte bewußt darauf, Fertigsaucen für die Vorratshaltung zu empfehlen, da ich festgestellt habe, daß industriell hergestellte Saucen oft mit zu vielen Kräutern zubereitet werden, die ihnen ein mediterranes Flair verleihen sollen. Durch die Zugabe von getrocknetem Oregano oder, noch schlimmer, getrocknetem Basilikum, erhält eine Sauce aber einen unangenehmen, künstlichen Geschmack.

Wer keine frischen reifen Tomaten bekommt, stellt sich am besten einige Tüten *polpa di pomodoro* in seine Speisekammer. Hierbei handelt es sich um passierte reife Tomaten, denen Sie Gewürze Ihrer Wahl hinzufügen können. Aber verwenden Sie für Pasta bitte kein Tomatenketchup! Einige Dosen gute geschälte Tomaten und ein paar Tuben Tomatenmark in der Speisekammer sind jedoch immer nützlich.

KRÄUTER

Oregano ist das einzige Kraut, das ich getrocknet und auch nur für bestimmte Zwecke verwenden würde. Ansonsten gehören frisches Basilikum, frische Minze und frischer Rosmarin zu meinem Vokabular.

GEWÜRZE

Von den vielen Gewürzen, die während der letzten 500 Jahre in Italien benutzt wurden, sind heute nur noch wenige im täglichen Gebrauch. Während der Renaissance gab man Gerichten Kardamom, Ingwer, Kreuzkümmel und viele andere Gewürze hinzu, um ihnen eine exotische Note zu verleihen. Von diesen Gerichten ist nur eines fast unverändert erhalten geblieben: *panforte nero* aus Siena, ein mittelalterlicher Kuchen, dem man überdies Pfeffer, Zimt, Nelken und Muskatnuß zusetzt. Diese letzten vier Gewürze möchte ich Ihnen, zusammen mit Safran, für Ihren Vorratsschrank empfehlen.

Eine andere Würzzutat, die aus der italienischen Küche kaum wegzudenken ist, sind getrocknete Steinpilze. Nur ein paar Stückchen dieser typisch italienischen Trockenpilze können Saucen jeglicher Art ein ganz neues Gesicht geben. Als Aromazutat und in Kombination mit frischen Zuchtpilzen verwendet, verleihen sie Speisen einen kräftigen, ausgeprägten Geschmack.

FRISCHER KNOBLAUCH UND FRISCHE ZWIEBELN

Beide Lebensmittel sollte man immer vorrätig haben. Sie sind unverzichtbarer Bestandteil vieler Saucen und Gerichte und dazu praktisch, da sie sich gut lagern lassen.

KAPERN

Kapern spielen eine wichtige Rolle in der italienischen Küche, müssen aber mit Fingerspitzengefühl verwendet werden. Sie sind sowohl in Essig als auch in Salzlake eingelegt erhältlich; ich bevorzuge jedoch sizilianische Kapern von der Insel Lipari, die in Salz konserviert sind. Sie haben ein wunderbares Aroma, und ich würde zwei Sorten für die Speisekammer empfehlen: sehr kleine, die ganz verwendet werden, und große, die man hackt.

ANCHOVIS

Konservierte Anchovis sind für Saucen sehr nützlich. Ich esse sie gern in *salsa verde* oder einfach auf Butterbrot als Imbiß. Am meisten Geschmack haben in Salz konservierte Anchovis, sie sind jedoch nicht immer ohne weiteres erhältlich. Anchovisfilets in Öl von einer Markenfirma eignen sich aber auch gut. Thunfisch in Öl kann ebenfalls sehr nützlich sein, um rasch eine Sauce oder einen Imbiß zuzubereiten.

PARMESAN

Er sollte in keiner italienischen Speisekammer fehlen. Am besten ist Parmigiano Reggiano, der sich, in Alufolie eingewickelt, im Kühlschrank recht lange hält. Kaufen Sie am besten immer nur ein kleines Stück, und verwenden Sie Parmesan stets nur frisch gerieben.

LARDO

Vor Jahren hing in jeder italienischen Speisekammer noch *lardo,* eine Art stark gesalzener, luftgetrockneter fetter Speck. Für fast jede gute Sauce oder Speise garte man zunächst *battuto di lardo,* feingehackten Speck, mit Knoblauch oder Zwiebeln in Öl. Es ist schade, daß er heute verschwindet. Aber ich habe immer ein Stück fetten Specks vorrätig, der in dünne Scheiben geschnitten auf Toast gegessen oder zum Aromatisieren von Saucen, Suppen und Gemüsen verwendet werden kann.

SEMMELBRÖSEL

Gute Semmelbrösel sind unverzichtbar, wenn man ein Stück Fleisch oder Fisch rasch braten will.

KAFFEE

Etwas italienischer Kaffee sollte nie im Vorratsschrank fehlen. Eine italienische Mahlzeit wäre ohne einen starken Espresso zum Abschluß nicht komplett.

ANTIPAS

Vorspeisen

TI

Schon die Römer liebten *antipasti*, jene kleinen Gerichte, die vor dem *primo* (erster Gang) gegessen werden. Neben anderen Köstlichkeiten pflegten sie mit Salz konservierte Fische wie beispielsweise Anchovis zu essen, aber auch Meeresfrüchte und grünen Salat, und dazu tranken sie Wein, dem Honig zugesetzt war. *Antipasto* setzt sich aus den Worten *ante* »vor« und *pasto* »Mahlzeit« zusammen. Der *antipasto* hat die Aufgabe, den Gaumen zu kitzeln und den Magen zu weiteren Freuden zu verführen.

Antipasti sollten nie zu reichhaltig sein, da noch weitere Gänge folgen. Je förmlicher ein Essen, desto vielfältiger und interessanter die *antipasti*. Hier bietet sich eine Möglichkeit für Gastgeber oder Gastgeberin, seine oder ihre Kochkünste durch besondere Zubereitung und Präsentation unter Beweis zu stellen.

Eine richtige italienische Mahlzeit jeglicher Art wird mit wenigstens einigen Scheiben Salami und ein paar eingelegten Gemüsen eingeleitet. Bei einem solchen *antipasto* kommt es lediglich darauf an, daß er Gaumen und Auge erfreut, doch er muß nicht sensationell sein. Es gibt kalte *antipasti* wie beispielsweise *affettati* (Fleischprodukte wie Salami, Schinken, Speck, *Bresaola, Culatello,* die aufgeschnitten gereicht werden), Fische wie Räucheraal, Forelle, Anchovis verschiedener Art oder eingelegte Gemüse, zu denen die herrlichen Steinpilze in Öl, kleine Artischockenherzen und *cetriolini* (Gürkchen) gehören; neueren Datums sind *antipasti*, für die man eingelegte Paprika, Auberginen und sonnengetrocknete Tomaten verwendet. Unter den kalten *antipasti* finden sich auch verschiedene Eier, die hartgekocht und mit Mayonnaise gefüllt oder in Aspik gelegt werden. Und nicht zu vergessen die ganze Palette an *crostini*, gerösteten Brotscheiben mit einem Belag, der von einfachen Tomaten bis zu den raffiniertesten Pasteten reicht. Die warmen *antipasti* stehen mehr in der französischen Tradition – die wichtigsten werden mit Eiern, Käse und Trüffeln zubereitet.

Im Norden Italiens gibt es eine breite Palette an *antipasti*, die mit lokalen Spezialitäten auf köstlichste Weise zubereitet werden. Am bekanntesten ist vielleicht das Piemont für seine Vielzahl an Spezialitäten. Einige Restaurants sind für eine phantasievolle Auswahl berühmt, die dennoch stets der Tradition treu bleibt. An solchen Orten würde ich einfach reichlich *antipasti* und ein Dessert essen und vielleicht noch einen *primo*, aber gewiß auf den *secondo* – das Hauptgericht – verzichten.

Vorhergehende Doppelseite: *Affetato misto* (Rezept Seite 36); hinten, Mitte – *Funghi sott'olio* (Seite 37); Mitte – *Acciughe in salsa verde* (Seite 33)

CROSTINI DI FEGATINI

Crostini mit Hühnerleber

FÜR 4 PERSONEN:

2 EL Olivenöl extra vergine
1 mittelgroße Zwiebel, feingehackt
300 g Hühnerleber, pariert und gewaschen
2 große Zweige frischer Rosmarin
2 EL trockener Weißwein
2 große Anchovisfilets
½ EL Kapern, abgetropft
4 EL Hühnerbrühe
Meersalz
reichlich frisch gemahlener schwarzer Pfeffer
100 g Butter
12 dünne Scheiben knuspriges italienisches Weißbrot, etwa 10 cm groß

Diese crostini *schmecken so wunderbar, daß Sie am besten ein paar mehr zubereiten sollten, um eine kleine Reserve zu haben. Sie können sie immer noch als kleine Snacks verwenden.* Crostini *sind eine beliebte Vorspeise, die in der Toskana entstand, wo man nicht nur Hühnerleber, sondern auch gehacktes Fleisch von Wildgeflügel verwendet, um eine Vielzahl von Pasteten für* crostini *herzustellen. Ganz besonders köstlich ist auch Wildschweinpastete.*

Nun stellen Sie sich vor, daß Sie sich irgendwo in einer hügeligen Gegend der Toskana unter einer Pergola in einem Holzstuhl zurücklehnen, von wo Sie auf eine typisch italienische Landschaft schauen, wie sie die alten italienischen Meister malten. In Ihrer linken Hand halten Sie einen frischen crostino *und in der rechten ein schönes Glas jungen Chianti, und nun vergessen Sie die übrige Welt für ein Weilchen …*

Die Zwiebel 2 Minuten im Öl andünsten, bis sie weich ist, aber noch keine Farbe angenommen hat. Die Hühnerleber mit einem Rosmarinzweig in die Pfanne legen und etwa 8 Minuten behutsam braten, bis sie gar ist; zwischendurch gelegentlich umrühren. Den Wein hinzufügen und den Pfanneninhalt 2 bis 3 Minuten weitergaren, bis sich der Alkohol verflüchtigt hat. Rosmarin herausnehmen und wegwerfen, die Leber in der Küchenmaschine hacken. Achtung, das dauert nur Sekunden!

Das gehackte Fleisch wieder in die Pfanne geben. Anchovisfilets, Kapern und Hühnerbrühe zugeben und 2 bis 3 Minuten behutsam garen. Reichlich Pfeffer, aber gar kein oder nur wenig Salz hinzufügen, da die Anchovis und Kapern bereits salzig sind. Schließlich die Butter hineinrühren. Die Pastetenmasse warm halten, während die Brotscheiben geröstet werden. Die Toasts mit Pastete bestreichen und auf einem Teller anrichten. Mit dem verbliebenen Rosmarinzweig garnieren.

Antonio mit Freunden auf Trüffelsuche in Umbrien.

INSALATA DI FUNGHI
Salat von Waldpilzen

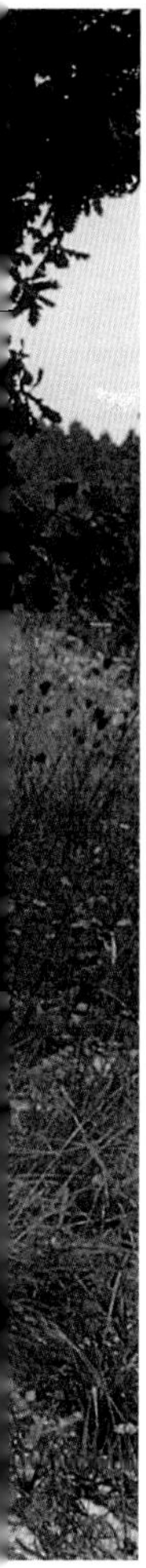

Für 4 Personen:
700 g gemischte Waldpilze
6 EL Olivenöl
2 Knoblauchzehen, feingehackt
1 rote Chilischote, feingehackt
2 EL Petersilie, grobgehackt
2 Zitronen
Salz nach Geschmack

Immer wenn ich mit einigen Beutestücken von der Pilzsuche heimkehre, bereite ich diesen Salat zu. Er schmeckt köstlich mit frischen Pfifferlingen oder Morcheln, die durch einige Shiitake-, Austernpilze oder kleine Champignons ergänzt werden können.

In einem Topf leicht gesalzenes Wasser zum Kochen bringen. Die Pilze putzen und harte oder unansehnliche Stücke herausschneiden. Sofort in das kochende Wasser werfen und 5 Minuten garen, dann abtropfen lassen. In der Zwischenzeit in einer Pfanne gehackten Knoblauch und Chilischote 1 Minute behutsam im Öl braten. Die Pilze hinzufügen und unter Rühren braten, dann salzen und pfeffern. Abkühlen lassen. Mit Zitronenhälften und Petersilie garniert servieren.

CARCIOFINI RIPIENI
Gefüllte kleine Artischocken

FÜR 4 PERSONEN:

12 kleine Artischocken

Für die Füllung:

120 g Krumen von altbackenem Weißbrot

150 ml Milch

1 EL feingehackte frische glattblättrige Petersilie

½ Knoblauchzehe, zerdrückt

1 EL frisch geriebener Parmesan

Olivenöl extra vergine

½ EL abgetropfte Kapern

1 große Prise Meersalz

1 große Prise frisch gemahlener schwarzer Pfeffer

Die Ursprünge dieses Rezeptes liegen wohl im jüdischen Ghetto Roms, wo koscheres Essen Pflicht war. Es wird von vielen meiner jüdischen Freunde sehr geschätzt.

Man kann drei Artischocken pro Person als Vorspeise servieren oder die Artischocken für eine Vorspeisenplatte verwenden. Sie können die Menge natürlich nach Belieben erhöhen.

Die Artischocken sollten beim Garen praktisch mit Olivenöl bedeckt sein, aber Olivenöl ist teuer, und wie ich herausgefunden habe, reicht es aus, 1 cm Öl in den Topf zu gießen und dann Wasser aufzufüllen. Das Öl schwimmt auf dem Wasser, und der Effekt ist der gleiche.

Das obere Drittel der Artischocken abschneiden und rund um die Basis alle harten Blätter entfernen. Anschließend das »Heu« im Innern der Artischocken mit einem scharfkantigen Löffel herausholen, um sie füllen zu können. In Wasser mit etwas Zitronensaft legen, damit sie sich nicht verfärben.

In der Zwischenzeit die Brotkrumen in der Milch einweichen. Mit den Händen ausdrücken, dann das Brot mit den anderen Zutaten vermischen. Die Artischocken mit der Masse füllen und dicht nebeneinander in einen Topf setzen. Das Olivenöl in einem dünnen Strahl über die Artischocken gießen, bis sich 1 cm Öl im Topf befindet. So viel Wasser auffüllen, bis die Artischocken nur noch 1 cm herausgucken. Mit aufgelegtem Deckel 20 bis 30 Minuten köcheln lassen, bis sie weich sind. Sie sind gar, sobald sie sich mit einem Messer leicht einstechen lassen. Lauwarm servieren.

MOSCIAME CON LE UOVA
Luftgetrocknetes Thunfischfilet mit Rührei

FÜR 4 PERSONEN:

8 große Eier von freilaufenden Hühnern
40 g Parmesan
20 g feingehackte Petersilie
100 g *mosciame*, in sehr dünne Scheiben geschnitten
Salz und Pfeffer nach Geschmack
4 EL Olivenöl
20 g Butter
4 kleine Stengel Petersilie

Eine der Spezialitäten, die aus ihrem traditionellen Kontext genommen wurden, ist mosciame di tonno. *Früher, als man noch reichlich Thunfisch fing, wurde das Filet eingesalzen und getrocknet, um es haltbar zu machen. Heute schneidet man diese teure Delikatesse in dünne Scheiben und ißt sie gewöhnlich mit Zitronensaft und Olivenöl beträufelt als* antipasto.. *Das folgende Gericht habe ich für mein Restaurant erfunden, wo es sich großer Beliebtheit erfreut. Sollten Sie keine* mosciame *bekommen, können Sie statt dessen geräucherten Aal oder Räucherlachs verwenden.*

Die Eier in einer Schüssel verquirlen und Parmesan, Salz, Pfeffer und Petersilie hinzufügen. Eine Pfanne mit Olivenöl und Butter auf den Herd stellen. Die Eier in der Pfanne einige Sekunden rasch verrühren, bis eine feuchte, lockere Masse entstanden ist. Das Rührei auf warmen Tellern anrichten und mit einem Stengel Petersilie und *mosciame*-Scheiben garnieren.

Als Vorspeise oder als leichten Hauptgang servieren, in letzterem Fall aber mehr Eier und *mosciame* verwenden.

Eine Scheibe *mosciame* auf einem gebutterten, frisch gerösteten *crostino* schmeckt ebenfalls herrlich.

Folgende Seiten (von hinten im Uhrzeigersinn): *Carciofini ripieni* (Rezept Seite 24); *Insalata di funghi* (Rezept Seite 23); *Mosciame con le uova* (oben)

INSALATA DI CARNE CRUDA

Salat von rohem Rindfleisch

Für 4 Personen:

275 g vom schmalen Ende des Rinderfilets, von Hand fein gehackt (oder vom Metzger grob durchgedreht)

Für die Marinade:

Saft von 1 Zitrone

4 EL Olivenöl extra vergine (das beste Öl, das Sie finden können)

2 gehäufte TL feingehackte frische glattblättrige Petersilie

¼ kleine Knoblauchzehe, zerdrückt

Meersalz

frisch gemahlener schwarzer Pfeffer

Für die Garnitur:

frische Petersilie

1 gegarte kleine Artischocke

Insalata di carne cruda *ist vor allem eine Spezialität aus Piemont, die gewöhnlich einen Tag im voraus zubereitet und als Teil eines* antipasto *auf Brot oder* crostini *gegessen wird. Machen Sie sich keine Gedanken, weil das Fleisch roh ist. Die Säure des Zitronensafts »gart« das Fleisch und macht es zart und feucht, während ihm der Knoblauch ein raffiniertes Aroma verleiht.*

Das Fleisch mit den Zutaten für die Marinade vermischen und mit Klarsichtfolie abgedeckt über Nacht in den Kühlschrank stellen. Durch den Zitronensaft verändert sich die Farbe des Fleisches beträchtlich.

Zum Servieren das Fleisch auf Tellern anrichten, mit einer in Scheiben geschnittenen kleinen Artischocke und einem kleinen Stengel frischer glattblättriger Petersilie garnieren und Toast oder *grissini* dazu reichen oder in Verbindung mit *carne all'Albese* (siehe Seite 29) servieren.

CARNE ALL'ALBESE
Rohes Rindfleisch nach der Art von Alba

Für 4 Personen:

400 g sehr mageres Rinderfilet, in Medaillons geschnitten und zwischen Klarsichtfolie vorsichtig dünngeklopft
8 EL Olivenöl extra vergine
4 EL Zitronensaft
Salz und Pfeffer nach Geschmack
gehobelter Parmesan
Spargelköpfe, in dünne Scheiben geschnitten, oder gehobelte weiße Trüffel

Es gibt verschiedene aus rohem Rindfleisch zubereitete Gerichte, die meist carpaccio *genannt werden,* carne all'Albese *wurde aber schon vor dem* carpaccio *erfunden! Die wichtigste Zutat ist in dünne Scheiben geschnittene weiße Alba-Trüffel, die über das Fleisch gestreut wird. Da diese Kostbarkeit aber nur zwischen Oktober und Januar erhältlich ist, wird zu anderen Zeiten Spargel verwendet. Doch auch in dieser Version heißt das Gericht* carne all'albese.

Die Fleischscheiben auf einem Teller anrichten. Olivenöl, Zitronensaft, Salz und Pfeffer hinzufügen, dann den gehobelten Parmesan darüberstreuen. Die Spargelscheiben darauf verteilen, und, falls gewünscht, einige Löffel *insalata di carne cruda* (siehe Seite 28) in die Mitte setzen.

Burano, Venedig

INSALATA DI MARE DELLA LAGUNA

Meeresfrüchtesalat der Lagune

Für 6 Personen:
1,5 kg Miesmuscheln
0,5 kg Scheidenmuscheln (Messermuscheln)
1,5 kg Venusmuscheln
8 EL Olivenöl extra vergine
1 Knoblauchzehe, feingehackt
3 EL grobgehackte Petersilie
Salz und frisch gemahlener schwarzer Pfeffer nach Geschmack
400 g kleine Kalmare
3 oder 4 kleine Kraken
500 g Tintenfisch
400 g rohe Bärengarnelen
400 g Jakobsmuscheln, aus der Schale genommen
1 Bund Frühlingszwiebeln
Saft von 2 Zitronen

In Venedig habe ich die größte Auswahl an Meeresfrüchten gefunden, die ich je für dieses Gericht verwendet habe. Die Zubereitung des Salats ist relativ einfach, aber möglicherweise werden Sie nicht alle der genannten Meeresfrüchte bekommen. In diesem Fall ersetzen Sie einen Teil der aufgeführten Zutaten durch andere, leichter erhältliche Meeresfrüchte – worauf es ankommt, ist die Frische.

Miesmuscheln, Scheidenmuscheln und Venusmuscheln säubern und mit 2 EL Olivenöl, Knoblauch und Petersilie in einem Topf zugedeckt garen, bis sich die Schalen geöffnet haben und das Fleisch herausgenommen werden kann. Schalen und alle Muscheln, die sich nicht geöffnet haben, wegwerfen. Den Sud durch ein Sieb gießen. Kalmare, Kraken und Tintenfisch sorgfältig säubern, bei letzterem die Tinte herausdrücken. Gut waschen und 10 bis 20 Minuten kochen, bis sie weich sind. In einem anderen Topf die Garnelen 6 bis 7 Minuten, die Jakobsmuscheln 3 bis 4 Minuten in kochendem Wasser garen. Die Garnelen schälen. Die gegarten Meeresfrüchte abtropfen lassen und in einer großen Schüssel vermischen. Zum Abkühlen beiseite stellen. Die Frühlingszwiebeln in sehr dünne Scheiben schneiden und in die Schüssel streuen.

Aus Muschelsud, Zitronensaft, restlichem Olivenöl, Salz und Pfeffer eine Marinade herstellen und unter die Meeresfrüchte heben. Den Salat nach Belieben mit einigen leeren Muschelschalen hübsch garnieren.

LAVARELLI IN CARPIONE

Renken in »carpione«

Für 4 Personen:

4 Süßwasserfische, jeweils etwa 250 g schwer
Mehl zum Wenden
2 Möhren, feingewürfelt
1 große rote Zwiebel, feingehackt
2 Stangen Staudensellerie, feingewürfelt
4 Gläser Rotwein
8 EL Weißweinessig
1 TL Wacholderbeeren
10 Lorbeerblätter
1 TL ganze Pfefferkörner
Salz nach Geschmack
12 EL Olivenöl zum Braten des Fisches
8 EL Olivenöl zum Braten des Gemüses

Im Gardasee wird eine Renkenart mit dem Namen carpione *gefangen, und wenn die Ausbeute reichlich war, legen die Fischer diesen Fisch in einer Marinade ein, die ebenfalls* carpione *genannt wird, damit er sich besser hält. Diese Marinade verleiht dem recht zarten Fisch mit wenig Eigengeschmack Aroma, wodurch er sich wunderbar als* antipasto *anbietet. Die Marinade eignet sich zum Einlegen aller möglichen Fische wie Aal, Blaufelchen und Forellen.*

Dies ist ein ideales Gericht für heiße, schwüle Sommertage, an denen man nicht zu viel und nicht zu schwer essen möchte.

Die Fische säubern, salzen und im Mehl wenden, dann im Öl braten, bis sie auf beiden Seiten knusprig sind. In ein Keramikgefäß legen.

In einer sauberen Pfanne die Gemüse etwa 5 Minuten im Öl braten. Rotwein, Essig, Pfefferkörner, Lorbeerblätter und Wacholderbeeren dazugeben und die Zutaten noch einige Minuten köcheln lassen. Die Marinade über den noch warmen Fisch gießen. Zum Abkühlen beiseite stellen. Vor dem Verzehr für zwei bis drei Tage im Kühlschrank durchziehen lassen.

ACCIUGHE IN SALSA VERDE

Anchovis in grüner Sauce

Für 6 Personen:

Reichlich Olivenöl

300 g vorbereitete Anchovisfilets

200 g frische glattblättrige Petersilienblätter, sehr fein gehackt

2 ganze Chilischoten, feingehackt

2 Knoblauchzehen, feingehackt

1 EL Kapern, feingehackt

4 kleine eingelegte Gurken, feingehackt

Als sich unsere Familie einmal in Ivrea versammelte, brachte meine ältere Schwester Grazia eine typische piemontesische Spezialität mit, die entweder als antipasto *oder als Snack für den kleinen Hunger zwischendurch gegessen wird. Da es etwas Arbeit macht, die Anchovis für diese Spezialität zu filetieren, sollte man gleich einen kleinen Vorrat zubereiten, damit man eine Weile versorgt ist. Natürlich können auch in Öl eingelegte Anchovisfilets verwendet werden. In diesem Fall hat man im Handumdrehen eine beliebige Menge zubereitet. Für eine noch raschere Zubereitung gibt man alle Zutaten in den Mixer und püriert sie glatt. Ich bevorzuge jedoch die unten beschriebene Methode. Diese Vorspeise schmeckt einfach köstlich, doch da sie sehr salzig ist, muß stets genügend frisches Brot dazu gereicht werden.*

Petersilie, Chilischoten, Knoblauch, Kapern und Gurken mit dem Olivenöl vermischen. Anchovisfilets und grüne Sauce in abwechselnden Schichten in eine Porzellanschüssel geben. Bis zum Verzehr kalt stellen.

Es macht nichts, wenn das Öl im Kühlschrank erstarrt. Es verflüssigt sich wieder, sobald das Gericht herausgenommen wird.

Folgende Doppelseite:

Insalata di mare della laguna (Rezept Seite 31)

AFFETTATO MISTO
Gemischter Aufschnitt

Für 4 Personen:

300 g verschiedene Sorten gekochter oder roher Schinken und Wurst, in sehr dünne Scheiben geschnitten, beispielsweise *Mortadella, Culatello, Salsiccia calabra, Prosciutto, Bresaola,* Speck oder diverse Salamisorten

Einst machte man Schlachttiere, vor allem Schweine, haltbar, um länger etwas von ihnen zu haben. Aus Schweinefleisch stellte man Salami und Schinken her, die uns bis heute erhalten geblieben sind, auch wenn die ursprüngliche Notwendigkeit der Haltbarmachung nicht mehr besteht, denn sie schmecken einfach köstlich. In Italien, insbesondere im Norden, serviert man sie hübsch angerichtet als antipasto. *Dazu reicht man sauer Eingelegtes wie etwa die Pilze auf Seite 37 und* grissini.

Die verschiedenen Sorten getrennt auf Tellern anrichten und mit einigen Pickles servieren. Dazu *grissini* reichen.

FUNGHI SOTT'OLIO
Eingelegte Waldpilze

FÜR 2 GLÄSER À 500 G:
1,5 kg makellose Steinpilze, Maronenröhrlinge, Pfifferlinge, Shiitakepilze oder kleine Champignons oder auch eine Mischung aus diesen Pilzen
1 l kräftiger, guter Weißweinessig
½ l Wasser
20 schwarze Pfefferkörner
10 Lorbeerblätter
20 g Salz
2 Knoblauchzehen
5 Nelken
Genügend Olivenöl zum Bedecken der Pilze

Die Italiener essen sehr gern kleine, sauer eingelegte Waldpilze als antipasto. *Es gibt kaum eine Familie, die nicht wenigstens eine kleine Menge Pilze, vor allem Steinpilze, konserviert, um ein Glas dieser Kostbarkeiten der Natur vorrätig zu haben. Sie sind auch im Handel erhältlich und werden gewöhnlich an Weihnachten verspeist.*

Die Pilze sorgfältig säubern, sehr große Exemplare vierteln. Essig und Wasser in einem Edelstahltopf zum Kochen bringen. Pfeffer, Lorbeerblätter, Salz, Knoblauch und Nelken hinzufügen und den Topfinhalt 5 bis 6 Minuten kochen. Die Pilze dazugeben und weitere 10 Minuten kochen.

Den Topf von der Kochstelle nehmen. Die Pilze mit einem Schaumlöffel herausheben (nicht mit den Händen berühren, um Verunreinigungen zu vermeiden) und auf einem absolut sauberen Tuch ausbreiten. Trocknen und abkühlen lassen und – wiederum ohne sie zu berühren – in sterilisierte Gläser füllen. Völlig mit Olivenöl bedecken. Darauf achten, daß sich keine Luftblasen in dem Öl befinden. Die Gläser mit einem Deckel verschließen und für mindestens zwei bis drei Monate an einen dunklen, kühlen Platz (in der Speisekammer) stellen. Wer dann nicht mehr widerstehen kann, mag die Pilze verzehren – gewöhnlich serviert man sie jedoch erst zu Weihnachten.

PRIMI
Vorgerichte und

Saucen

Italiens Küche ist vor allem für seine ersten Gänge oder Vorgerichte bekannt, zu denen alle Nudel- und Reisgerichte sowie Suppen gehören. Diese *primi piatti* folgen der bunten Palette kleiner *antipasti*. Die goldene Regel bei der Speisefolge eines wohlausgewogenen Mahles besteht darin, Leichtes mit Schwerem abzuwechseln, Zartes mit Kräftigem und Kaltes mit Warmem. Mit anderen Worten: Es geht darum, mit der ganzen Palette von Zutaten, Aromen und verschiedenen Konsistenzen zu spielen. Der optische Eindruck ist zweitrangig, aber nicht unbedeutend. Wir Italiener sagen »anche l'occhio vuole la sua parte«, was bedeutet, »auch das Auge möchte teilhaben«, das heißt, es sollten möglichst alle Sinne befriedigt werden, allerdings nicht auf Kosten von Geschmack und Qualität.

Vom Norden bis zum Süden Italiens werden Tausende von *primi* angeboten, die je nach regionalen Lebensgewohnheiten und zur Verfügung stehenden Zutaten sowie auch Geschichte und Kultur ganz verschieden sein können. Reis wird eher dort gegessen, wo er tatsächlich wächst. In der Poebene bewässert das aus den Bergen kommende Wasser die Reisfelder von Vercelli und Novara im Piemont, von Pavia in der Lombardei und Padua in Venetien, die wiederum das übrige Italien mit Reis versorgen. Risotto mit Safran ist eine Spezialität aus Mailand, der »Reis-Hauptstadt« Italiens; in Vercelli liebt man Paniscia, ein Risotto mit Borlotti-Bohnen. In Novara ißt man Risotto mit Fröschen, in Bergamo und den angrenzenden Gebieten Risotto mit Waldpilzen und in Venedig mit Fisch. In Alba streut man die sündhaft teure weiße Trüffel über den Reis. Jeder Risotto ist anders, doch alle sind extrem schmackhaft, und alle werden mit den besten regionalen Zutaten zubereitet.

Die Pasta kam erst während dieses Jahrhunderts nach Norditalien, wohingegen sie im Süden schon lange vorher sehr beliebt war. Doch darf man Ligurien nicht vergessen, wo die Familie Agnesi bereits zu Ende des letzten Jahrhunderts Pasta herstellte und mit ihren Schiffen sogar eigenen Hartweizen aus der Türkei importierte.

Häufig wird mir die Frage gestellt, ob frische Eierteigwaren besser als getrocknete Nudeln sind. Meine Antwort lautet dann: Beide sind sehr gut, jede Sorte für ihren Zweck, vorausgesetzt, sie werden mit den richtigen Zutaten zubereitet und ordentlich getrocknet – dies ist für die Haltbarkeit der Pasta wichtig.

Vorhergehende Doppelseite (von links): *Ravioli di Rosalba* (Rezept Seite 69); *Spaghetti alla Pinuccia* (Rezept Seite 60); *Pansotti al preboggion* (Rezept Seite 67)

Pasta ist ein wertvolles Nahrungsmittel, das hauptsächlich Kohlenhydrate, aber auch wichtige Spurenelemente liefert. Wenn man bei der Zubereitung von Pasta nicht zu viele dickmachende Saucen oder Zutaten verwendet, stellt sie eine perfekte Mahlzeit dar, die längere Zeit sättigt als andere Nahrungsmittel. Dies kommt daher, daß Nudeln langsam verdaut werden, also die Verbrennung der Kalorien durch den Körper sukzessive erfolgt und somit länger Energie liefert. Aus diesem Grund werden Nudeln im allgemeinen auch von Sportlern gern gegessen. Pasta ist in jeder Form wundervoll. Den Beweis liefert die Tatsache, daß alle Kinder (die sehr heikel sein können) Nudeln lieben.

Zu den *primi* gehören auch viele Suppen und Brühen, die mit Reis, Pasta und Gemüse zubereitet werden. Ein typisches Beispiel ist die auf so vielfältige Weise zubereitete Minestrone. Natürlich dürfen wir auch die Gnocchi nicht vergessen, die aus Mehl und Kartoffeln zubereitet werden und Möglichkeiten zu endlosen Kombinationen bieten. Polenta dient ebenfalls als erster Gang, sofern die Portionen klein gehalten werden und die dazu gereichte Sauce nicht zu schwer ist. Doch wer kann bei einer dampfenden Polenta widerstehen, kräftig zuzugreifen?

Angesichts solcher Vielfalt ist es sehr einfach, für alle Gelegenheiten und Gäste das richtige Menü zusammenzustellen. Bei einem klassischen Essen ist es in der Tat schwierig, nicht zu übertreiben, da immer noch Hauptgang, Käse und Dessert folgen. Aber wie dem auch sei – für mich sind die *primi* oder ersten Gänge das Beste an der italienischen Küche und bieten in ihrer Vielfalt endlose Möglichkeiten.

ZUPPA DI MELONE E PROSCIUTTO

Suppe von Melone und Parmaschinken

Für 4 Personen:

1 sehr reife Kantaloupe- oder Charantais-Melone, 1 bis 1,5 kg schwer (wichtig ist orangefarbenes Fleisch)
Saft von 1 Orange
Saft von 1/4 Zitrone
1/2 TL Salz
1/2 TL grob gemahlener roter Pfeffer
Zucker nach Geschmack
4 große Scheiben Parmaschinken, in dünne Streifen geschnitten

Welch wundervolle Art, Melone mit Parmaschinken zu genießen, und nicht nur für zahnlose Mitmenschen! Diese Suppe ist ein herrliches Sommergericht, das durch etwas Orangen- und Zitronensaft besonderen Pfiff erhält. In meinem Restaurant ist es im Sommer der Schlager.

Die Melone schälen und grob pürieren, dann Orangen- und Zitronensaft unterrühren. Salz und Pfeffer sowie Zucker nach Geschmack hinzufügen (wenn die Melone sehr reif und aromatisch ist, sollte kein Zucker nötig sein). Ein Viertel des Parmaschinkens untermischen und die Suppe auf vier Schälchen verteilen. Mit dem restlichen Parmaschinken bestreuen und zum Schluß etwas Pfeffer frisch darübermahlen.

ZUPPA DI CARDI E POLPETTINE DI POLLO

Kardensuppe mit Hühnerfleischklößchen

FÜR 4 PERSONEN:

1 Hähnchenbrust, etwa 120 g schwer, ohne Haut
5 EL frisch geriebener Parmesan
1/3 TL Knoblauchöl oder 1/2 Knoblauchzehe, sehr fein gehackt
1 Prise frisch geriebene Muskatnuß
1 EL frische Weißbrotkrumen
1 Ei
1 TL gehackte frische glattblättrige Petersilie
Meersalz
frisch gemahlener schwarzer Pfeffer
275 g Karde (falls nicht erhältlich, als Ersatz Staudensellerie verwenden)
1,2 l Hühnerbrühe (es können auch Brühwürfel verwendet werden)
1 TL frische Schnittlauchröllchen

Karden (auch Cardy oder Cardon) sind große distelähnliche Pflanzen, die der Brühe einen ungemein feinen, einzigartigen Geschmack verleihen. Sie werden vor allem für bagna cauda *verwendet. Dieses Wintergemüse schmeckt am besten, wenn man nur die zarteren inneren Stengel verwendet. Als Ersatz kann Staudensellerie benutzt werden.*

Hühnerfleisch, 1 EL Parmesan, Knoblauch, Muskatnuß, Brotkrumen, Ei, Petersilie, Salz und Pfeffer in der Küchenmaschine fein hacken. Je 1 gestrichenen Dessertlöffel Fleischmasse mit den Handflächen zu einem Bällchen formen. Pro Person sollten 10 Klößchen vorhanden sein.

Die dickfleischigen Blattrippen der Karde schälen, um die zähen Fäden zu entfernen, dann in 1 cm große Stücke schneiden. Mit der Brühe zum Kochen bringen und köcheln lassen, bis sie weich sind, aber noch Biß haben; nach 10 Minuten die Hühnerfleischklößchen hinzufügen. Den Schnittlauch einstreuen und die Suppe auf Teller verteilen. Falls gewünscht, den restlichen Parmesan darüberstreuen.

ZUPPA DI ERBE DEL CREST

Ninas Alpenkräutersuppe

Für 4 Personen:

1 kleine Zwiebel

1 kleine Kartoffel

1 Möhre

2 EL Olivenöl

1 l Hühnerbrühe (es können auch Brühwürfel verwendet werden)

30 g Brennesseln

30 g Sauerampfer

30 g weiße Taubnesseln

20 g Schafgarbe (falls sie nicht im Frühjahr gesammelt wird, die Blätter abstreifen)

50 g Löwenzahn (zum »Entbittern« 5 bis 10 Minuten vorkochen)

30 g Brunnenkresse

30 g Spinat, möglichst Wildspinat

30 g Butter

Wenn Nina im Aostatal eine raffinierte Suppe mit wirklich frischen Kräutern zubereiten möchte, geht sie einfach mit einem Korb auf die Wiesen vor ihrem Haus und kehrt mit einer Sammlung von Löwenzahn, Sauerampfer, Nesseln, Bibernelle und vielen anderen Kräutern zurück, die voller Vitamine und anderer guter Dinge stecken, da sie in 2000 Metern Höhe mit dem Dung ihrer eigenen Kühe biologisch gedeihen. Da Löwenzahn und Nesseln überall wachsen, können auch Sie diese Suppe ausprobieren.

Geschälte Zwiebel, Kartoffel und Möhre in Stücke hacken. Das Öl in einem Topf erhitzen und gehackte Gemüse 1 bis 2 Minuten sautieren. Die Brühe angießen und zum Kochen bringen, dann alle Kräuter zugeben. 15 Minuten behutsam garen.

Die Butter hinzufügen und die Suppe im Mixer pürieren. Sofort in vorgewärmten Suppenschalen mit einigen Croûtons servieren. Diese Suppe ist eine Vitaminspritze!

ZUPPA DI CAVOLO VALPELLINENSE

Kohlsuppe nach Valpelliner Art

Für 4 Personen
(reichlich bemessen):
1 Wirsing, etwa 600 g schwer
200 g altbackenes Brot, gewürfelt
280 g Fontina-Käse, in kleine Würfel geschnitten
1 l Hühnerbrühe (auch Instant)
50 g Butter

Welch wundervolle Methode, Brotreste zu verwenden! Und auch Kohl ist preiswert. Der Käse wird im Aostatal hergestellt und ist anderswo wahrscheinlich etwas teurer als dort, dennoch handelt es sich um ein bemerkenswert einfaches und köstliches Wintergericht.

Den Wirsingkohl putzen, waschen und in Streifen schneiden. Das Gemüse weich kochen, dann abtropfen lassen. Inzwischen die Brühe erhitzen. Einen großen Topf bei schwacher Hitze auf den Herd setzen. Eine Schicht des noch warmen Kohls hineingeben, darauf eine Schicht Brotwürfel verteilen, dann eine Schicht Fontina-Käse. Dies wiederholen, bis alle Zutaten verbraucht sind. Die Schichten mit dem Schöpflöffel behutsam zusammendrücken und mit der heißen Brühe übergießen. Einige Minuten ziehen lassen.

In der Zwischenzeit die Butter in einer kleinen Pfanne zerlassen und schäumend über den Eintopf gießen. Die Kohlsuppe umrühren und heiß servieren.

Folgende Doppelseite (von links):

Trofie al pesto (Rezept Seite 64); *Zuppa di melone e prosciutto* (Rezept Seite 42)

RISO IN INSALATA CON TRE FUNGHI
Reissalat mit dreierlei Pilzen

Für 4 Personen:
200 g Risottoreis (Carnaroli, Vialone Nano oder Arborio)
2 EL Olivenöl extra vergine
1 kleine Zwiebel, feingehackt
10 g getrocknete Steinpilze
150 ml lauwarmes Wasser
250 g gemischte Zuchtpilze, in dünne Scheiben geschnitten
1 EL feingehackte frische glattblättrige Petersilie
Meersalz
frisch gemahlener schwarzer Pfeffer

Für die »Vinaigrette«:
2 EL Olivenöl extra vergine
Saft von ½ Zitrone
1 EL feingehackte frische glattblättrige Petersilie
2 EL gehackter frischer Schnittlauch
Meersalz
frisch gemahlener schwarzer Pfeffer

Salat verbinden wir gewöhnlich mit dem Sommer, und für diesen sollten Sie einen schönen Spätsommertag wählen, da er einige Waldpilze benötigt, die von Anfang August bis Ende Oktober Saison haben. Ich verwende überdies Carnaroli, *den besten Risottoreis, den es gibt, nicht nur wegen seiner Cremigkeit, für die er berühmt ist, sondern auch wegen seiner enormen Körner, die viel Wasser aufnehmen und sehr groß werden, aber dennoch Biß behalten. In diesem Fall muß die Stärke abgespült werden, da der Reis nicht kleben soll.*

Man braucht wenigstens drei verschiedene Pilzsorten, es können jedoch auch beliebig mehr verwendet werden. Zu dieser Jahreszeit gibt es zum Beispiel Steinpilze, Totentrompeten und Austernseitlinge. Sollten keine Waldpilze zur Verfügung stehen, können alternativ kultivierte Shiitake- und Austernpilze sowie kleine Champignons verwendet werden. Um ihren Geschmack zu heben, fügt man einige getrocknete Steinpilze hinzu.

Die getrockneten Steinpilze 15 Minuten in dem lauwarmen Wasser einweichen, dann ausdrücken. Das Einweichwasser aufbewahren.

Den Reis in reichlich Salzwasser köcheln, bis er *al dente* ist. Abtropfen lassen, eventuell noch vorhandene Stärke mit kochendem Wasser abspülen. In der Zwischenzeit die Zwiebel sanft braten, aber nicht bräunen. Frische Pilze und getrocknete Steinpilze zufügen. Etwas salzen, damit die Pilze Flüssigkeit abgeben. Den Reis unter die Pilze mischen und 2 EL Einweichwasser hinzufügen. Die Zutaten für die »Vinaigrette« vermischen und in den Reis rühren. Den Salat abschmecken. Gekühlt servieren.

POLENTA CON SCAMPI
Polenta mit Scampi

Für 4 Personen:
90 g Instant-Polenta (Maisgrieß)
675 ml Wasser
2 TL feingehackte frische glattblättrige Petersilie
50 g Butter
Chiliöl oder feingehackte Chilischote nach Geschmack
1 Schalotte, feingehackt
3 Blätter frisches Basilikum
12 rohe große Garnelen, geschält (jeweils etwa 65 g schwer)
4 EL trockener Weißwein
Meersalz
frisch gemahlener schwarzer Pfeffer

Dieses Gericht ruft Erinnerungen an Venedig wach. Polenta und Scampi werden dort auf vielfältige Weise zubereitet, aber selten in Kombination. Schade, denn es ist eine schöne, glückliche Verbindung!

Das Wasser zum Kochen bringen und salzen. Die Polenta langsam einrieseln lassen, dabei rühren, um zu verhindern, daß sich Klumpen bilden. Nach 7 bis 8 Minuten von der Kochstelle nehmen und die Petersilie hinzufügen.

Die Schalotte mit der gehackten Chilischote oder -öl in der Butter 2 Minuten behutsam braten, bis sie weich, aber noch nicht gebräunt ist. Basilikumblätter hinzufügen, dann die Garnelen auf beiden Seiten kurz braten. Den Weißwein dazugießen und die Zutaten weitere 2 Minuten garen, bis sich der Alkohol verflüchtigt hat. Abschmecken.

Zwei Eßlöffel Polenta in der Mitte jedes Tellers anrichten und die Garnelen mit der Sauce rundum verteilen.

Nina Burgai sammelt frische Kräuter.

POLENTA DI NINA
Ninas Polenta

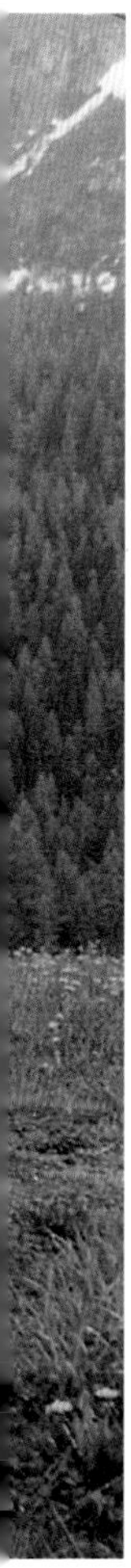

Für 6 Personen:

400 g Polentamehl (nicht vorgegart; falls Instant-Polenta verwendet wird, die Gebrauchsanweisung befolgen)
2 l Wasser mit 20 g Salz
150 g Butter
150 g Fontina-Käse
100 g frisch geriebener Parmesan

Ninas Polenta aus dem Champoluc, einem Seitental des Aostatales, ist heute in der ganzen Gegend berühmt – nicht nur wegen der Zutaten wie Butter und Fontina-Käse, die von ihren eigenen Kühen stammen und großartig schmecken, sondern auch wegen der klassischen Zubereitungsweise. Nina hat unlängst die Küche ihres in 2000 m Höhe gelegenen Hotels renoviert, aber der alte, schwere Holzherd ist geblieben, wahrscheinlich nur, um die Polenta zuzubereiten, für die ein solch traditioneller Herd wie dieser notwendig ist. Die Polenta bekommt jeder, der in dem schlichten Hotel ißt, auf ebenso schlichte Art mit dem schmackhaftesten Huhn beziehungsweise salsiccia *(Bratwurst) oder* coniglio *(Kaninchen) in Tomatensauce serviert. Ein nicht ganz leichter Traum von einem wunderbaren Essen!*

Eine perfekte Polenta löst sich nach 40 bis 50 Minuten ständigen Rührens von den Topfwänden und bildet eine vollkommene Einheit mit den anderen Zutaten. Das Polentamehl langsam in das kochende Wasser rieseln lassen und rühren, damit keine Klumpen entstehen. In der ersten Phase muß man darauf achten, daß die kräftig blubbernde Polenta nicht auf Arme oder Beine spritzt. Ununterbrochen weiterrühren und erst nach 40 Minuten Käse und Butter zufügen. Weitere 10 Minuten bei mittlerer Hitze rühren, dann mit Fleisch-, Fisch- oder Pilzsauce servieren. Übriggebliebene Polenta kann kalt in Scheiben geschnitten und gegrillt oder gebraten werden. Sie schmeckt immer herrlich. Selbst ohne Beilagen ist Ninas Polenta schon eine gehaltvolle Mahlzeit.

RISOTTO CON DUE CARCIOFI
Risotto mit Topinambur und Artischocken

Für 4 Personen:
600 ml Hühner- oder Gemüsebrühe (auch Instant)
4 EL Olivenöl extra vergine
100 g Butter
1 kleine Zwiebel, feingehackt
325 g geschälter Topinambur
4 kleine Artischocken oder Herzen von 4 frischen großen Artischocken
350 g Risottoreis (Carnaroli, Vialone Nano oder Arborio)
50 g frisch geriebener Parmesan
2 TL feingehackte frische glattblättrige Petersilie
Meersalz
frisch gemahlener schwarzer Pfeffer

Die Kombination von Topinambur und Artischocken ist nicht nur für die an anderer Stelle erwähnte Suppe ideal, sondern auch für diesen Risotto, dem sie ein ungemein feines Aroma verleiht. Er kann ebenso als piatta unico *(Eintopfgericht) wie auch als Gang eines gepflegten Abendessens serviert werden.*

Die Brühe zum Kochen bringen. In einer Pfanne die Zwiebel im Öl mit 60 g Butter dünsten, bis sie weich ist, aber noch keine Farbe angenommen hat. In dünne Scheiben geschnittenen Topinambur und ebenso vorbereitete Artischocken dazugeben und bei mittlerer Hitze leicht bräunen. Etwas Brühe hinzufügen und 2 Minuten garen. Den Reis dazugeben und durchrühren, bis alle Körner mit Fett überzogen sind. Nach und nach die Brühe angießen, bis sie vollständig aufgenommen und der Reis weich ist, aber noch Biß hat. Von der Kochstelle nehmen und Parmesan, restliche Butter und Petersilie hineinrühren. Abschmecken und servieren.

RISOTTO ALL'ACETOSA
Risotto für Sophie

ALS VORSPEISE FÜR 4 PERSONEN – ANSONSTEN DIE MENGEN ERHÖHEN:

375 g Reis (Carnaroli oder Vialone Nano)
1,5 l Hühnerbrühe (es können auch Brühwürfel verwendet werden)
150 g wilder Sauerampfer oder Gartenampfer – Stiele abschneiden, da sie oft fasrig sind
60 g Parmesan, gerieben
1 kleine Zwiebel, gehackt
3 EL Olivenöl
80 g Butter
einige Sauerampferblätter zum Verzieren

Während ich für meine Sendung in der BBC Aufnahmen von Reisfeldern in Sannazzaro in der Lombardei machte, heiratete meine Nichte Sophie. Da an diesem Tag dieser Risotto entstand und zudem gut gelang, beschloß ich, ihn ihr zu widmen. Ich schickte ihr ein Fax mit dem gewidmeten Rezept und Glückwünschen.

Falls Sie keinen wilden Sauerampfer im Laden bekommen sollten, dann finden Sie ihn vielleicht bei einem Spaziergang im Frühsommer. Alle meine Freunde, die dieses Gericht probiert haben, fanden es phantastisch. Probieren Sie es doch einmal selbst!

Das Öl und 40 g Butter in einem Topf erhitzen. Die Zwiebel darin weich dünsten. Den Reis hineinrühren und 1 Minute unter Rühren rösten. Die Brühe in einem anderen Topf zum Kochen bringen. Nach und nach einige Kellen Brühe zum Reis gießen und mit einem Holzlöffel rühren. Der Reis muß die Brühe immer erst aufgenommen haben, bevor weitere dazugegeben wird. Die Ampferblätter zufügen. Nach 18 Minuten den Reis von der Kochstelle nehmen. Er sollte gar und nicht zu trocken sein, aber noch Biß haben. Restliche Butter und Parmesan mit einem Holzlöffel kräftig unterrühren, damit der Risotto cremig wird. Auf vorgewärmten Tellern anrichten und auf Wunsch mit einem kleinen Ampferblatt garnieren. Sofort servieren.

Falls Reis übrigbleibt, kann man ihn kalt mit einem verquirlten Ei und noch etwas Parmesan vermischen. Aus der Masse mit den Händen walnußgroße Bällchen formen und diese fritieren, bis sie knusprig sind. Sie werden *arancini* (kleine Orangen) genannt und schmecken köstlich. Zur Verzierung jeweils 1 Salbei- oder 1 kleines Lorbeerblatt hineinstecken. Solche Bällchen können mit jeder Art von Risotto hergestellt werden.

RISOTTO CON LENTICCHIE E SALAMINI

Risotto mit Linsen und Würstchen

Für 4 Personen:

200 g grüne Linsen

400 g *salamini* oder andere geräucherte Hartwürstchen

1 Lorbeerblatt

2,25 l Hühnerbrühe (auch Instant)

5 EL Olivenöl extra vergine

1 kleine Zwiebel, feingehackt

200 g Kartoffeln, geschält und in kleine Würfel geschnitten

2 Stangen Staudensellerie, gewaschen und in kleine Würfel geschnitten

2 Möhren, geschält und in kleine Würfel geschnitten

2 reife Tomaten, in kleine Stücke geschnitten oder 2 EL *polpa di pomodoro* (passierte Tomaten)

320 g Risottoreis (Carnaroli, Vialone Nano oder Arborio)

Meersalz

frisch gemahlener schwarzer Pfeffer

Dieses Gericht wird auf unterschiedliche Weise zubereitet. Es ist typisch für die Region um Vercelli und Novara, dem Zentrum des italienischen Reisanbaus. Traditionell verwendet man den Reis der letzten Ernte und die erste Wurst von einem frisch geschlachteten Schwein. Man bereitet dort auch ein sehr köstliches Reisgericht mit Fröschen zu. Da ich aber festgestellt habe, daß das Fangen von Fröschen ziemlich schwierig ist, nehmen wir statt dessen lieber salamini *(kleine Salami). Es handelt sich bei diesem Gericht um eine komplette Mahlzeit. Die Menge ist großzügig bemessen und wahrscheinlich mehr als reichlich. Wer Linsen nicht mag, kann statt dessen Bohnen oder Kichererbsen verwenden.*

Linsen, *salamini* und Lorbeerblatt in der Hühnerbrühe zugedeckt 15 Minuten köcheln lassen.

In der Zwischenzeit die Zwiebeln behutsam dünsten, ohne sie zu bräunen. Kartoffeln, Sellerie, Möhren und Tomaten hinzufügen und 2 Minuten sanft schmoren. Den Risottoreis dazugeben und durchrühren, um alle Körner zu überziehen. Nach und nach immer wieder 1 Schöpfkelle Brühe, Linsen und Wurst unterrühren. Weiterrühren, und erst wenn der Reis die Flüssigkeit aufgenommen hat, die nächste Kelle zugeben. Zum Schluß sollte der Reis cremig sein, aber noch etwas Biß haben. Abschmecken.

Linsen verlesen in Castelluccio.

RISOTTO ALL'ISOLANA
Risotto nach Insel-Art

FÜR 4 PERSONEN:
50 g Butter
4 EL Olivenöl
200 g Schweinswurstbrät oder mageres Schweinehack, mit Salz und Pfeffer und ein wenig Knoblauch gewürzt
1 mittelgroße Zwiebel, feingehackt
300 g Vialone-Nano-Reis
750 ml Hühnerbrühe
1 TL gemahlener Zimt
40 g Parmesan

Gabriele Ferron lebt an der Grenze jener Reisanbaugebiete, die Carnaroli und Vialone Nano erzeugen, also zwischen der Lombardei und dem Veneto. Er ist nicht nur ein Reisanbauer, sondern auch als König des Risotto berühmt, und dies ist sein Rezept. Gewöhnlich verwendet er dafür Vialone Nano, einen Reis mit kürzerem Korn, der in Verona und Venedig häufig verwendet wird. Er nimmt die Flüssigkeit großartig auf, behält aber dennoch Biß und ist für die ausgesprochen herzhaften Gerichte des Veneto perfekt geeignet. Carnaroli, der in die Lombardei gehört, hat dagegen ein längeres Korn. Hier können beide Sorten verwendet werden.

In einer Pfanne 20 g Butter und 2 EL Öl erhitzen und Wurstbrät oder Hackfleisch darin bräunen.

In einem großen Topf das restliche Öl erhitzen und die Zwiebel dünsten, bis sie weich ist. Dann den Reis hineinrühren und einige Minuten anrösten. Die Hühnerbrühe zugießen und den Reis etwa 10 Minuten mit aufgelegtem Deckel köcheln lassen. Hier unterscheidet sich die Zubereitungsweise vom herkömmlichen Risotto, da die gesamte Flüssigkeit auf einmal zugegeben wird. Nach etwa 10 Minuten Wurst oder Fleisch hinzufügen. Gut durchrühren und die Zutaten weitere 8 Minuten köcheln lassen. Nach Geschmack salzen, pfeffern und den Zimt dazugeben. Von der Kochstelle nehmen, restliche Butter und Parmesan hinzufügen und eine Minute sorgfältig unterschlagen. Sofort servieren.

RISOTTO DI ZUCCA
Kürbis-Risotto

Für 4 Personen:

2 EL Olivenöl
90 g Butter
4 Rosmarinzweige, 2 feingehackt, 2 ganz
1 Knoblauchzehe
600 g Riesenkürbis, in sehr kleine Stücke geschnitten
300 g Carnaroli-Reis
1 kleine Zwiebel, feingehackt
1 l Hühnerbrühe
50 g Parmesan
Salz und frisch gemahlener schwarzer Pfeffer

Dieses Rezept stammt aus dem Hotel Cipriani in Venedig, ein wirklich angenehmer, wenn auch ziemlich teurer Ort! Seine Speisekarte spiegelt, im Gegensatz zu vielen anderen »internationalen« Hotels, die lokalen Eßgewohnheiten wider, was mir sehr gefällt. Der Kürbis erlebt im Moment eine regelrechte Renaissance, und Renato Piccolotto, der dortige Küchenchef, verwendet ihn für diesen wundervollen Risotto, der sowohl den Gaumen als auch das Auge erfreut. Er ist sehr leicht zuzubereiten, doch wie alle einfachen, schmackhaften Speisen erfordert er ein wenig Aufmerksamkeit.

In einem Topf das Öl und ein Drittel der Butter erhitzen. Ganze Rosmarinzweige, Knoblauchzehe und Kürbis hinzufügen. Da der Kürbis Flüssigkeit abgibt, muß kein Wasser zugegeben werden. Den Kürbis etwa 20 Minuten garen, bis er weich wird und zerfällt. Rosmarinzweige und Knoblauchzehe herausnehmen.

In einem zweiten großen Topf die Hälfte der restlichen Butter erhitzen. Den Reis hinzufügen und einige Minuten unter Rühren anbraten. Etwas Hühnerbrühe, dann die Kürbismischung zugeben. Immer wieder etwas Brühe dazugießen, bis der Reis die gesamte Flüssigkeit aufgenommen hat, dabei gelegentlich umrühren, damit er nicht ansetzt.

Den Topf von der Kochstelle nehmen. Die restliche Butter und den Parmesan unter den Risotto ziehen und den gehackten Rosmarin darüberstreuen. Falls Sie einen Kürbis übrig haben, diesen entkernen, innen mit heißem Wasser erwärmen und abtropfen lassen. Mit dem Risotto füllen und servieren.

Folgende Doppelseite (von links):
Risotto di zucca (Rezept Seite 57); *Polenta con scampi* (Rezept Seite 49)

SPAGHETTI ALLA PINUCCIA

Spaghetti für Pinuccia

FÜR 4 PERSONEN:

500 g Spaghetti oder frische Eier-Tagliatelle

400 g Riesengarnelen

1 EL Olivenöl

1 Knoblauchzehe, gehackt

1 mittelgroße rote Chilischote, gehackt

1 EL frische Petersilie, gehackt

5 EL Weißwein

400 g passierte Tomaten

Das Restaurant San Giovanni in Casarza hatten wir ursprünglich nicht für Aufnahmen vorgesehen – wir aßen dort einfach nur zu Mittag, als wir das Weinfest von Verace filmten. Aber ich war so beeindruckt von der Hingabe, mit der Pinuccia hervorragende Speisen mit frischen, selbstbesorgten Zutaten bereitete, daß wir beschlossen, sie zu filmen. Wenn Sie einmal in der Gegend sind, statten Sie ihr einen Besuch ab – Sie werden sicher reich belohnt. Ihr zu Ehren erfand ich dieses Rezept, für das ich die herrlichsten Riesengarnelen verwendete, die schmackhafter waren als alle Hummer oder vergleichbaren Meeresfrüchte, die ich jemals gegessen habe.

Die Sauce zubereiten. Nur den mittleren Teil der Garnelen schälen, Kopf und Schwanz intakt lassen. Das Öl in einer Pfanne erhitzen. Knoblauch, Chilischote und Petersilie darin andünsten und darauf achten, daß sie nicht verbrennen. Die Garnelen zufügen und 1 Minute braten. Wein und passierte Tomaten hineinrühren, weitere 2 bis 3 Minuten garen.

In der Zwischenzeit die Pasta in leicht gesalzenem Wasser kochen: frische Nudeln 2 bis 3 Minuten, getrocknete Nudeln 6 bis 7 Minuten.

Die Pasta abtropfen lassen, sorgfältig unter die Sauce heben und sofort servieren.

RAVIOLO APERTO CON FUNGHI

Offene Teigtasche mit Pilzen

FÜR 4 PERSONEN:

65 g Butter

1 kleine Zwiebel, feingehackt

300 g gemischte frische Waldpilze, geputzt und in dünne Scheiben geschnitten (siehe auch nebenstehenden Text)

10 g getrocknete Steinpilze

frische Pasta aus 100 g Mehl und 1 Ei (siehe Rezept Seite 74)

1 EL feingehackte frische glattblättrige Petersilie

25 g gemahlene Mandeln

6 EL Milch

Meersalz

frisch gemahlener schwarzer Pfeffer

Über Pilze muß ich einfach immer etwas Besonderes sagen, weil ich sie liebe, gerne sammle, esse und zubereite. In diesem Rezept sehen sie aus, als würden sie sanft unter einer Decke ruhen, doch nur so lange, bis Sie Ihre Gabel hineinstechen!

Wenn Steinpilze und Pfifferlinge Saison haben, verwendet man diese, ansonsten kombiniert man Zuchtpilze wie etwa Shiitake oder kleine Champignons mit getrockneten Steinpilzen.

Zur Zubereitung einer cremigen Sauce braucht man nicht unbedingt Crème double. Durch Hinzufügen einer kleinen Menge gemahlener Mandeln erreicht man das gleiche Ergebnis. Wenn die Sauce verdünnt werden muß, kann man etwas Milch dazugeben.

Die getrockneten Steinpilze 15 Minuten in 150 ml Wasser einweichen, dann ausdrücken. Das Einweichwasser aufbewahren.

Von Hand oder in der Nudelmaschine acht Teigplatten von 15 × 15 cm Größe herstellen. Mit einem sauberen Tuch abdecken. In der Zwischenzeit in einem großen Topf reichlich Salzwasser zum Kochen bringen.

Die Butter in einer Pfanne zerlassen und die Zwiebel darin weich dünsten. Pilze zufügen und 2 Minuten unter Rühren schmoren. Durchgeseihtes Weichwasser, Petersilie, gemahlene Mandeln, Milch, Salz und Pfeffer dazugeben.

Die Pasta im Salzwasser *al dente* garen. Abtropfen lassen und mit einem Küchentuch trockentupfen. Auf vier vorgewärmte Teller jeweils eine Teigplatte legen. Die Pilze mit Sauce darauf verteilen und die restlichen Teigplatten darüberlegen. Eine Ecke zurückschlagen, als wollten Sie das Bett für die Nacht bereiten, so daß die Füllung sichtbar wird. Noch etwas Sauce darüberträufeln und servieren.

Folgende Doppelseite (von links): *Marille in insalata* (Rezept Seite 71); *Raviolo aperto con funghi* (Rezept Seite 61)

Marille
by
GIUGIARO
DESIGN

TROFIE AL PESTO
Trofie mit Pesto

FÜR 4 PERSONEN:

Für die Sauce:
4 Knoblauchzehen
40 bis 50 frische Basilikumblätter
10 g grobes Meersalz
50 g Pinienkerne
gutes ligurisches Olivenöl nach Bedarf
50 g frisch geriebener Parmesan
500 g *trofie, fusilli* oder *strozzapreti* (getrocknet)

Das Foto, das Sie auf dem Umschlag dieses Buches sehen, wurde an einem Tag aufgenommen, an dem ideales Wetter herrschte, um die italienische Landschaft auf Film zu bannen. Der herrliche Tag, das Land und dieses köstliche Gericht waren ein enormer Genuß für Auge, Gaumen und Seele.

Trofie *ist eine hausgemachte Form der Pasta aus Ligurien, ähnlich unseren Spätzle, die in guten italienischen Lebensmittelgeschäften zu finden ist. Sollten Sie keine bekommen, können Sie alternativ auch* strozzapreti *oder* fusilli *verwenden.*

Geschälten Knoblauch und gewaschene, trockengetupfte Basilikumblätter in einem Mörser mit Salz zerreiben. Die Pinienkerne zugeben und zu einer Paste zermalmen. Nach und nach etwas Olivenöl hinzuträufeln (wie bei der Herstellung von Mayonnaise). Nach einer Weile den Parmesan untermischen und weiter Olivenöl hinzufügen, bis eine glatte, homogene Sauce von leuchtendgrüner Farbe entstanden ist.

Die Pasta in leicht gesalzenem Wasser nach Kochanweisung garen. Abtropfen lassen und in eine vorgewärmte Porzellanschlüssel füllen. Sorgfältig die Pesto-Sauce unterheben und mit einigen Basilikumblättern garniert sofort servieren. Die Sauce muß jede Nudel überziehen, und es sollte nichts davon auf dem Teller zurückbleiben!

TAGLIOLINI CON TRIGLIE

Tagliolini mit Streifenbarbe

FÜR 4 PERSONEN:

500 g frische oder getrocknete *tagliolini*
600 g Streifenbarbe
3 EL Olivenöl
1 Knoblauchzehe, gehackt
1 EL Petersilie, gehackt
5 EL Weißwein
250 g passierte Tomaten
Salz

Der ideale Fisch für dieses Gericht ist Streifenbarbe. Wenn Pinuccia, die Köchin des Restaurants San Giovanni in Casarza, auf dem Markt von Sestri an der Ligurischen Riviera Fisch kaufen geht, wird ihr wohl niemand etwas verkaufen können, das sie nicht will. Sie war selbst Fischhändlerin, bevor sie eine phantastische Köchin wurde, und sie kennt alle Tricks des Gewerbes. Vor allem aber legt sie Wert darauf, daß ihr Fisch immer absolut frisch ist. Welch herrliches Gefühl, sich in den Händen eines wirklichen Profis zu wissen! Die triglie di scoglio, *die für mein Essen verwendet wurden, waren erst am Morgen gefangen worden.*

Zur Herstellung der Sauce den Fisch schuppen, ausnehmen und entgräten. Das Fleisch in 5 cm große Streifen schneiden.

Das Öl in einer Pfanne erhitzen. Knoblauch, Petersilie und Fisch braten. Den Wein zugießen, gut umrühren und die Zutaten noch einige Minuten köcheln. Salzen und passierte Tomaten hinzufügen. Die Petersilie darüberstreuen und den Pfanneninhalt weitere 2 bis 3 Minuten garen.

Für die Pasta in einem großen Topf gesalzenes Wasser zum Kochen bringen. Die Tagliolini hineingeben. Frische Pasta etwa 2 bis 3 Minuten garen, getrocknete Teigwaren 6 bis 8 Minuten.

Die fertige Pasta abtropfen lassen und der Sauce hinzufügen. Einige Minuten erhitzen und dabei gut durchheben. Sofort servieren.

Eine Wiese in Italien, mit Wildblumen und Kräutern.

PANSOTTI O CAPPELLACCI AL PREBOGGION

Gefüllte Pasta mit Walnußsauce

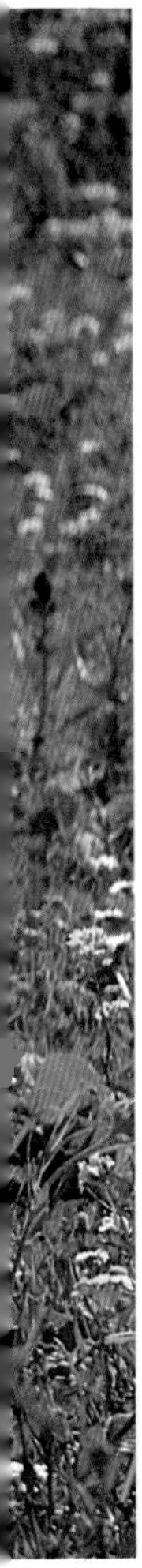

Für 4 bis 6 Personen:

300 g Pastateig (siehe Rezept Seite 74)

Für die Füllung:

1 kg Wildgemüse und -kräuter
40 g Butter
1 Prise Muskatnuß
40 g geriebener Parmesan
1 Ei, verquirlt
Salz nach Geschmack

Für die Walnußsauce:

¼ l Milch
1 Knoblauchzehe
2 Stengel frischer Majoran
2 EL frische Brotkrumen
100 g Walnüsse
einige Pinienkerne
½ l ligurisches Olivenöl
Salz nach Geschmack

Preboggion *ist ein Wort französischen Ursprungs und beschreibt eine Mischung aus Wildgemüsen und Kräutern wie etwa Löwenzahn, Dost (wilder Majoran) und Borretsch, die in den Bergen Liguriens wachsen. Sie wird zum Füllen der bauchigen Teigtaschen verwendet, welche für diese Region typisch sind.*

Auf der bemehlten Arbeitsfläche den Pastateig 2 mm dick ausrollen. In 4 cm große Quadrate schneiden und auf jedes Viereck einen Teelöffel Füllung setzen. Jedes Quadrat zu einem Dreieck schließen. Die Spitze umfalten, die beiden Ecken um einen Finger legen und festdrücken. Auf diese Weise entsteht eine Art Tortelloni.

Zur Herstellung der Füllung die Wildgemüse weichgaren, dann möglichst viel Wasser herausdrücken. Mit Butter, Muskatnuß und Parmesan in einen Topf geben und die Zutaten vermischen, bis die Butter geschmolzen ist. Die Mischung abkühlen lassen, anschließend das Ei und Salz nach Geschmack hinzufügen. Beiseite stellen.

Für die Walnußsauce Milch, Knoblauch, Majoran (von 1 Zweig gezupft), Brotkrumen, Walnüsse und Pinienkerne in den Mixer geben und zu einer glatten Masse verarbeiten. Nach und nach das Öl hinzufügen (wie bei der Zubereitung von Mayonnaise) und untermischen. Nach Geschmack salzen.

Die *pansotti* in leicht gesalzenem Wasser 3 bis 4 Minuten garen. Abtropfen lassen und mit der erhitzten Sauce vermischen. Mit einem Stengel Majoran garniert sofort servieren.

PIZZOCCHERI
Buchweizenpasta

Für 10 hungrige Studenten:
500 g *pizzoccheri* (Buchweizenpasta)
300 g grüne Bohnen, geputzt
500 g Wirsing, in Streifen geschnitten
400 g geschälte Kartoffeln, gewürfelt
4 EL Olivenöl
200 g Butter
2 Knoblauchzehen, in Scheiben geschnitten
1 Prise Muskatnuß
Salz nach Geschmack
reichlich frisch gemahlener Pfeffer
300 g *Bitto*-Käse, in kleine Würfel geschnitten
300 g *Taleggio*-Käse, in kleine Würfel geschnitten
100 g frisch geriebener Parmesan

Das Valtellina (Veltlin) ist ein Tal in den italienischen Alpen unweit von Mailand. Es ist für seine Bresaola *berühmt, jenes luftgetrocknete Rindfleisch, das, in dünne Scheiben geschnitten, als* antipasto *serviert wird, aber auch für* pizzoccheri, *die einzige in Italien hergestellte Buchweizenpasta, und den köstlichen* Bitto-*Käse. Aus einem benachbarten Tal stammt der berühmte Taleggio-Käse, der ebenfalls für dieses Gericht verwendet wird. Ich bereitete es einmal für die Studenten einer Mailänder Modeschule zu, und im Gegenzug erhielt ich eine Reihe speziell für mich angefertigter, derart phantasievoller Schürzen, wie sie nur in solch einer Schule entstehen können.*

Pizzoccheri, Bohnen, Wirsing und Kartoffeln zum Kochen bringen und etwa 18 Minuten garen, bis sie weich sind. Butter und Öl in einem Topf erhitzen und den Knoblauch darin braten; dabei darauf achten, daß er nicht bräunt. Muskatnuß, Salz und Pfeffer zugeben.

Die gekochten Zutaten abtropfen lassen und in einer vorgewärmten Schüssel eine Schicht Pasta und Gemüse verteilen, einige *Taleggio*- und *Bitto*-Würfel daraufgeben und etwas Parmesan darüberstreuen. Auf diese Weise fortfahren, bis alle Zutaten aufgebraucht sind. Die schäumende Würzbutter darübergießen – die Hitze sollte den Käse leicht schmelzen lassen. Die Zutaten gut durchheben. Sofort servieren.

Vermutlich eines der großartigsten Gerichte für Vegetarier!

RAVIOLI DI ROSALBA
Rosalbas Ravioli

FÜR 4 PERSONEN:
Pastateig siehe Grundrezept Seite 74

Für die Füllung:
Reste von Schweine-, Kalbs- oder Rinderbraten
200 g gedünstetes Sauerkraut oder Weißkohl
1 Ei
60 g frisch geriebener Parmesan
60 g Butter
frische Salbeiblätter

So wie meine Schwägerin Rosalba Ravioli von Hand herstellt, tun dies viele Köchinnen und Köche in Italien, die gerne gut essen. Aber jeder hat sein eigenes Rezept für die Füllung, die aus Fisch oder Fleisch, Gemüsen oder Käse bestehen kann. Das Besondere an dieser Füllung ist das Sauerkraut, bei dem es sich meist um einen Rest handelt. Probieren Sie dieses Rezept aus, aber verwenden Sie ruhig auch andere Zutaten. Leichter lassen sich die Teigtaschen mit einer Ravioliform aus Aluminium herstellen, die aus quadratischen Feldern mit gezähnten Rändern besteht. Man bekommt sie in guten Haushaltswarengeschäften.

Für die Füllung Fleisch und Kohl fein durchdrehen. Das Ei sowie die Hälfte des Parmesans hinzufügen und die Zutaten gut vermischen.

Den Pastateig zu einem dünnen Rechteck, etwas größer als die Ravioliform, ausrollen und behutsam in die Form drücken. Mit einem Teelöffel die Füllung in die Mulden geben und ein zweites rechteckiges Stück Teig daraufsetzen. Sachte mit dem Nudelholz darübergehen. Die Ravioli vorsichtig herausnehmen und auf die bemehlte Arbeitsfläche legen. Die fertigen Ravioli in leicht gesalzenem Wasser 3 bis 4 Minuten garen.

In der Zwischenzeit die Butter in einem Topf zerlassen und einige Salbeiblätter hinzufügen. Die Ravioli auf Portionsteller verteilen und die Salbeibutter darübergießen. Mit dem restlichen Parmesan servieren.

SINFONIA DEL MARE
Meeressymphonie

Für 4 Personen:

4 EL Olivenöl extra vergine
je 1 EL feingehackte Zwiebel und Staudensellerie
20 g Möhren, feingehackt
je 25 g junger Krake, junger Kalmar und junger Tintenfisch, vorbereitet
10 g Pinienkerne
1 Knoblauchzehe, feingehackt
je 25 g Garnelen, Seeteufel, und frischer Lachs, in kleine Stücke geschnitten
1 TL Kapern, feingehackt
2 EL trockener Weißwein
250 ml Fischfond (siehe Seite 152, oder aus dem Glas)
25 g gegarte frische Erbsen
1 EL Miesmuschelfleisch
20 g Venusmuschelfleisch
½ Chilischote, Salz
10 g *bottarga* (Thunfischkaviar)
350 g getrocknete Penne
100 g frische Tomaten
3 bis 4 Basilikumblätter

Dieses Gericht, dessen Zubereitung ein wenig Zeit erfordert, ist das Paradestück des Cavaliere Gian Paolo Belloni, Küchenchef und Besitzer des Restaurants Zeffirino *in Genua. Bevor ich es kennenlernte, hatte ich keine Ahnung, daß man mit derart vielen verschiedenen Zutaten ein so großartiges, harmonisches Pasta-Gericht zubereiten kann. Seine* Sinfonia del mare *war, obwohl etwas dramatisch präsentiert, eine wirklich angenehme Überraschung. Falls Sie nicht alle aufgeführten Meeresfrüchte und Fische bekommen, können Sie die eine oder andere Zutat auch weglassen.*

Öl, Zwiebel, Staudensellerie und Möhre in einer Pfanne einige Minuten braten. Krake, Kalmar, Tintenfisch und Pinienkerne hinzufügen und 3 Minuten garen. Knoblauch, Garnelen, Seeteufel, Lachs und Kapern zugeben und 2 Minuten garen. Weißwein und heißen Fischfond unterrühren. Dann Erbsen, gehackte Mies- und Venusmuscheln, Chilischote und geraspelte *bottarga* zufügen. Mit Salz abschmecken. Alle Zutaten weitere 2 Minuten köcheln.

In der Zwischenzeit die Pasta garen. Abtropfen lassen und zu den Meeresfrüchten geben. Erst jetzt die entkernte, gewürfelte Tomate und das Basilikum hinzufügen. Darauf achten, daß die Tomate nicht mehr gegart wird.

MARILLE IN INSALATA
Marille-Nudel-Salat

FÜR 6 PERSONEN:

500 g Marille oder Rigatoni
Salz
350 g Kirschtomaten
6 EL Olivenöl
1 Bund frisches Basilikum (20 g)
1 EL kleine Kapern
60 g Tagiasca-Oliven (kleine schwarze Oliven aus Ligurien)
2 EL grob geriebener Parmesan

Giorgetto Giugiaro, einer der Stardesigner der Autoindustrie, fand auch die Zeit, Pasta für einen italienischen Nudelhersteller zu entwerfen. Sie entstand zu einer Zeit, als es hieß, man solle nicht zu viel Pasta essen, weil sie dick machen würde, und nur kleine Mengen dieser Leckerbissen verzehren. Daher dachte Giugiaro an eine Nudel in Form einer großen Röhre, die innen gerillt war, um die Sauce besser aufnehmen zu können. Auf dem Zeichenbrett entwarf er also eine eßbare Skulptur, die eines Tages sicher im Pasta-Museum in Rom zu sehen sein wird. Die beiden folgenden Rezepte stammen von seinem persönlichen Koch und sind großartig. Falls Sie keine Marille bekommen, verwenden Sie am besten Rigatoni.

In einem großen Topf leicht gesalzenes Wasser zum Kochen bringen. Marille hineingeben und 10 bis 12 Minuten garen, bis sie *al dente* sind. Abtropfen lassen und zum Abkühlen in eine Servierschüssel füllen. Mit 2 EL Olivenöl vermischen.

Tomaten und Basilikum hacken. Kapern, Oliven, restliches Olivenöl und Parmesan hinzufügen und sorgfältig unter die Pasta heben.

Den Salat bis zum Verzehr kalt stellen. Nicht länger als einen Tag aufbewahren.

MARILLE ALLA VODKA
Marille nach Giugiaros Art

Für 4 Personen:
40 g Butter
¼ kleine rote Chilischote, gehackt
4 EL Crème double
30 g Tomatenmark, mit 5 EL lauwarmem Wasser vermischt
1 EL Wodka
1 EL Cognac
Salz nach Geschmack
400 g Marille oder Rigatoni

Es erstaunt mich nicht, daß Giorgetto Giugiaro auch noch seine Finger bei der Entstehung einer Sauce für die von ihm entworfene Pasta im Spiel hatte. Er sagte, er habe seinem Koch nur Anregungen gegeben. Ich denke, das war die Bescheidenheit eines Menschen, der bereits wegen wichtigerer Dinge bekannt geworden ist. Doch ich muß zugeben, daß diese Pasta wirklich sehr schmackhaft ist, obwohl ich für ein Nudelgericht normalerweise keine Zutaten wie Wodka benutze.

Zur Zubereitung der Sauce die Butter in einer Pfanne erhitzen. Chilischote, Crème double und Tomatenpüree hinzufügen. Von der Kochstelle nehmen und sorgfältig durchrühren. Wodka und Cognac untermischen und die Sauce salzen. In einem großen Topf leicht gesalzenes Wasser zum Kochen bringen und Marille oder Rigatoni hineingeben. Wenn sie *al dente* sind, die Sauce wieder zum Kochen bringen. Die Pasta abtropfen lassen, sorgfältig mit der Sauce vermischen und sofort servieren.

STRANGOZZI ALLA NORCINA

Strangozzi nach Norcia-Art

FÜR 4 PERSONEN:

1 Knoblauchzehe

75 g Butter

50 g weiße Trüffel

400 g frische oder getrocknete *strangozzi* oder *tagliatelle*

50 g Parmesan

frisch gemahlener Pfeffer nach Geschmack

Norcia ist die heimliche Hauptstadt der umbrischen Trüffel, und wenn ein Gericht alla norcina *zubereitet wurde, wird man vermutlich Trüffel darin finden.* Strangozzi *sind eine typisch umbrische Pasta, die aus Hartweizenmehl und Wasser hergestellt wird. Diese Bandnudeln haben selbst nach dem Garen aufgrund ihrer Dicke und eher quadratischen als flachen Form eine gewisse Festigkeit. Zusammen mit einer so feinen Zutat wie Trüffeln schmecken sie großartig. Falls* strangozzi *nicht erhältlich sind, verwendet man als Ersatz* tagliatelle.

Die Knoblauchzehe halbieren und mit den Schnittflächen eine Pfanne ausreiben. Die Zehe wegwerfen. In der Pfanne die Butter bei schwacher Hitze zerlassen und den Pfeffer zugeben. Dreiviertel der Trüffel dünn in die Butter hobeln und warm halten, aber nicht braten. In der Zwischenzeit die Pasta 10 bis 12 Minuten in reichlich Wasser garen (frische Pasta kürzer). Abtropfen lassen, unter die Sauce heben und den geriebenen Parmesan hinzufügen. Die restliche Trüffel darüberhobeln und servieren.

TAGLIATELLE ALL'UOVO
Grundrezept für Eiernudeln

Für 4 Personen:

400 g Mehl Type 405

3 Eier (oder 2 Eier plus Wasser)

1 Prise Salz

Dieses Rezept eignet sich für alle Sorten handgemachter Pasta, doch je nach Verwendungszweck kann man es etwas variieren. Das Mehl für einen geschmeidigen, glatten Pastateig wird aus fein ausgemahlenem Weichweizen (Type 405) hergestellt. Wenn man von Hand besondere Nudeln wie trofie *formen will, muß man möglicherweise etwas Hartweizenmehl bzw. -grieß zugeben. Normale* tagliatelle *werden mit etwa sechs ganzen Eiern pro Kilogramm Mehl hergestellt; falls notwendig, fügt man etwas Wasser hinzu. Im Restaurant von »The Slow Food Society« habe ich aber köstliche Pasta gegessen, die mit 40, ja, Sie lesen richtig, 40 Eigelben pro Kilogramm Mehl zubereitet wurde. Sie war wirklich großartig, und auf meine scherzhafte Frage, ob es sich um Eigelbe von Wachteleiern handele, erhielt ich eine sehr entschiedene Antwort: Nein, sie seien von guten Slow-Food-Hühnern! Bei mancher Pasta, wie etwa Ravioli, sollte der Teig seidig, aber dennoch etwas fest sein. In diesem Fall gibt man wenig Wasser dazu und verwendet beispielsweise pro 1 kg Mehl drei Eier sowie die notwendige Menge Wasser. Dieser Teig läßt sich sehr gut formen und eignet sich vor allem für gefüllte Pasta wie* pansotti *oder Ravioli. Wichtig bei der Herstellung von Pasta ist, daß man den Teig gut durcharbeitet. Wie's gemacht wird, steht auf Seite 75. Frische Pasta muß relativ rasch verbraucht werden, da sie sich wegen der Eier nicht hält. Sie sollte nicht im Kühlschrank aufbewahrt werden – wenn man selbstgemachte Pasta aufbewahren muß, friert man sie am besten ein, auch wenn sich dies natürlich nachteilig auf die Qualität des fertigen Gerichts auswirkt. Industriell gefertigte Pasta wird gewöhnlich zwölf Stunden in speziellen Maschinen getrocknet. Gekocht werden alle Nudeln auf die gleiche Weise, nur braucht getrocknete Pasta etwas länger. Geben Sie nie Olivenöl in das Garwasser, sofern Sie nicht Teigplatten garen. Und schrecken Sie Nudeln nie mit kaltem Wasser ab!*

Wenn Sie den Garprozeß unterbrechen wollen, gießen Sie zwei oder drei Gläser kaltes Wasser in den Topf, nachdem Sie ihn vom Herd genommen haben.

Das Mehl auf eine Arbeitsplatte – idealerweise aus Mamor – häufen und in der Mitte eine Mulde machen. Die Eier hineinschlagen und das Salz zufügen. Nach und nach Mehl und Eier mit den Händen vermischen, bis ein zusammenhängender Teig entsteht. Sollte er zu feucht und klebrig sein, ein wenig Mehl zugeben. Teigreste von der Arbeitsplatte mit einer Spachtel zusammenkratzen. Vor dem Kneten die Hände waschen. Die Arbeitsfläche leicht mit Mehl bestäuben und den Teig mit den Handballen kneten. 10–15 Minuten oder so lange bearbeiten, bis der Teig glatt und elastisch ist. In Frischhaltefolie wickeln und 30 Minuten ruhen lassen.

Erneut die Arbeitsfläche sowie einen Teigroller bemehlen und den Teig etwa 3 mm dick ausrollen. Für gefüllte Pasta wie *pansotti* oder Ravioli wie im entsprechenden Rezept weiterverfahren. Wenn Sie Nudeln machen wollen, den Teig auf einem sauberen Geschirrtuch etwa 30 Minuten trocknen lassen und anschließend mit einem scharfen Messer in die gewünschten Streifen schneiden.

SALSA NAPOLETANA
Einfache Tomatensauce

FÜR 4 PERSONEN:

6 EL Olivenöl extra vergine
1 mittelgroße Zwiebel, feingehackt
1 Dose Tomaten, stückig (400 g)
6 frische Basilikumblätter
Meersalz nach Geschmack
frisch gemahlener Pfeffer nach Geschmack

Diese Sauce ist die einfachste aller Tomatensaucen und gleichzeitig die Grundlage für viele andere Saucen. In Italien, wo die Tomaten zur Erntezeit reif, aromatisch und süßlich sind, wird sie aus diesen zubereitet. Außer für die schmackhaften einfachen spaghetti al pomodoro *kann diese Sauce auch für Pizza verwendet werden.*

Die Zwiebel behutsam in dem Olivenöl dünsten, bis sie weich, aber nicht gebräunt ist. Die Tomaten hinzufügen und 10 Minuten leise köcheln lassen. Geschnittenes Basilikum, Salz und Pfeffer hineinrühren.

SALSA ALLE ERBE
Kräutersauce

FÜR 4 PERSONEN:
100 g Butter
4 EL Olivenöl extra vergine
½ kleine Zwiebel, feingehackt
1 Knoblauchzehe, feingehackt
25 g Pinienkerne
8 EL sehr fein gehackte Kräuter: Kerbel, Petersilie, Schnittlauch, Basilikum, Minze, Salbei, Rosmarin und Fenchelblätter
4 EL Hühner- oder Gemüsebrühe
abgeriebene Schale von ½ unbehandelten Limette
Meersalz
frisch gemahlener schwarzer Pfeffer

Wie bei vielen anderen Saucen entspricht dieses Rezept meiner Vorstellung von einer Kräutersauce, doch es ist kein Dogma. Sie sollten es ausprobieren und nach eigenem Belieben variieren – verwenden Sie ruhig mehr oder weniger von dem einen oder anderen Kraut, oder lassen Sie es ganz weg. Wichtig ist, daß Ihnen die Sauce schmeckt.

Die Zwiebel behutsam im Öl und der Hälfte der Butter dünsten, bis sie weich ist, aber noch keine Farbe angenommen hat. Knoblauch und Pinienkerne zufügen und 2 Minuten braten. Kräuter, Brühe, Limettenschale, restliche Butter sowie Salz und Pfeffer nach Geschmack hineinrühren. Es muß rasch gearbeitet werden, da die Kräuter nicht gegart, sondern nur erhitzt werden dürfen. Sofort servieren.

Folgende Doppelseite (von links):
Risotto con lenticchie e salamini (Rezept Seite 54); *Tagliatelle al ragù* (Rezept Seite 81)

SALSA DI FUNGHI
Pilzsauce

FÜR 4 PERSONEN:
25 g getrocknete Steinpilze oder eine Mischung aus Steinpilzen und Morcheln
150 ml lauwarmes Wasser
8 EL Olivenöl extra vergine
1 Zweig frischer Rosmarin
1 Knoblauchzehe, feingehackt
400 g frische Pilze wie Wiesenchampignons, Maronenröhrlinge und Stockschwämmchen, in mundgerechte Stücke geschnitten
Meersalz
frisch gemahlener schwarzer Pfeffer

Für die helle Sauce:
15 g Butter

Für die rote Sauce:
2 bis 3 EL Olivenöl extra vergine
4 EL *polpa di pomodoro* (passierte Tomaten)

Diese Sauce gibt es in vielen Versionen. Ich habe einige von ihnen in meinen früheren Büchern beschrieben, doch im Laufe der Jahre hat sich mein Geschmack entwickelt und ein wenig verändert. Meine Liebe zu Pilzen hat mich mit vielen Sorten experimentieren lassen. Die Saison der Waldpilze ist leider kurz, aber es gibt heute ein schönes Angebot an Zuchtpilzen. Wenn sie dem Gericht auch keinen so intensiven Geschmack verleihen, so sehen sie doch immerhin ähnlich aus. Interessanterweise verändert man seine Grundhaltung zu gutem Essen nicht, doch während 30 und mehr Jahren Kochens lernen Sie wie ich vielleicht das eine oder andere dazu.

Nach meinem Empfinden sollte eine Sauce nicht zu flüssig sein, aber in diesem Fall ist es eher eine Flüssigkeit, die kleine Pilzstücke enthält. Getrocknete Steinpilze geben der Sauce ein kräftiges Aroma. Nachfolgend finden sich zwei Versionen der Pilzsauce, eine helle und eine rote. Die helle Sauce wird ohne Tomaten zubereitet.

Die getrockneten Pilze 30 Minuten in dem lauwarmen Wasser einweichen, dann ausdrücken. Das Einweichwasser aufbewahren.

Das Öl erhitzen und Rosmarin und Knoblauch 20 Sekunden darin braten. Falls die rote Sauce zubereitet wird, jetzt das zusätzliche Olivenöl dazugeben. Frische und eingeweichte Pilze hinzufügen und 15 Minuten garen, dabei gelegentlich umrühren.

Zur Zubereitung der hellen Sauce das durchgesiebte Einweichwasser der Pilze sowie die Butter hineinrühren und die Zutaten weitere 15 Minuten köcheln lassen. Mit Pasta, Reis oder *scaloppine* (Schnitzel) servieren.

Zur Herstellung der roten Sauce die passierten Tomaten in die Pfanne rühren und die Sauce bei mittlerer Hitze ca. 15 bis 20 Minuten garen. Mit Polenta servieren.

RAGÙ BOLOGNESE
Hackfleisch-Tomaten-Sauce

Für 4 Personen:
2 EL Olivenöl
30 g Butter
1 mittelgroße Zwiebel, gehackt
250 g Rinderhackfleisch
250 g Schweinehackfleisch
6 EL Weißwein
1 kg geschälte Tomaten, in Stücken
1 TL Tomatenmark
Salz und Pfeffer

Eines der bekanntesten italienischen Rezepte im Ausland gibt es in Italien gar nicht. Spaghetti bolognese *findet man nur in Lokalen, die von Nichtitalienern betrieben werden oder bei Italienern, die nicht authentisch kochen. Die echte Version heißt* tagliatelle al ragù, *und in der Emilia Romagna verzichtet man auf den Zusatz* bolognese, *da jedem klar ist, daß* ragù *nur* bolognese *sein kann. Wenigstens zwei Fleischsorten wie mageres Rinder- und Schweinehackfleisch plus Öl und Butter sowie etwas Wein, eine Zwiebel, pralle, reife Tomaten und Tomatenmark – das ist* ragù bolognese. *Zu dieser Sauce muß eine besondere Pasta gereicht werden, und deshalb bereitet man mit Eiern freilaufender Hühner eine Pasta zu, die, oft von Hand, zu Bandnudeln geschnitten wird (siehe Seite 74). Ein wenig frisch geriebener Parmesan krönt dieses typische Gericht der Emilia Romagna.*

Öl und Butter in einem Topf erhitzen und die gehackte Zwiebel darin dünsten. Dann das Hackfleisch hinzufügen und bräunen. Wein, Tomaten und Tomatenmark unterrühren. Nach Geschmack salzen und pfeffern. Den Deckel auflegen und die Sauce etwa 2 Stunden köcheln lassen, zwischendurch gelegentlich umrühren.

Mit frisch gegarten ***tagliatelle*** servieren und, falls gewünscht, etwas Parmesan darüberstreuen; wirklich echt ist das Gericht jedoch nur ohne Parmesan!

PIATTI INF

Backen und Braten

ORNATI
E FRITTI

Backen und Braten sind zwei Garmethoden, mit denen sich Speisen in Backofen oder Pfanne relativ einfach zubereiten lassen. Die Schwierigkeiten liegen eher in der Vorbereitung der Nahrungsmittel. In einem Fall ist es heiße Luft, durch die die Speisen gegart werden, im anderen Fall Öl, Butter, Schmalz oder ein anderes Fett. In der italienischen Küche bedient man sich beider Garmethoden gern, um die köstlichsten Gerichte zu zaubern, die sich natürlich abhängig von regionalen Sitten und Zutaten unterscheiden.

Brot wird auf traditionelle Weise heute nur noch von wenigen Bauern oder Idealisten gebacken, die abseits von Fortschritt und Zivilisation leben. Doch haben diese Menschen sicher Freude an dieser ältesten und grundlegendsten Methode der Nahrungszubereitung, da sie zu Ergebnissen führt, von denen die moderne Welt nur träumen kann. Der Duft eines frisch gebackenen Brotes ist unvergleichlich und der Geschmack von Holzofenbroten so einzigartig, daß man sofort davon essen möchte. Beim Brechen eines solchen Brotes mit den Händen steigt Ihnen ein Wohlgeruch in die Nase, der ein Gefühl vom Leben selbst vermittelt. Tatsächlich galt Brot immer als Symbol für die Ewigkeit des Lebens, eine Anschauung, die auch von einigen Religionen geteilt wird. Ein Leben ohne Brot wäre wahrlich trostlos. Zweifellos empfinden die Italiener so, da sie ganz offensichtlich nicht ohne Brot auskommen können.

Bei italienischen Mahlzeiten werden Würze und Gehalt von Speisen immer durch eine geeignete Menge Brot ausgeglichen. Salami und Schinken etwa wären zu salzig oder eingelegte Gemüse zu scharf, um sie ohne Brot zu essen. Toskanisches Brot wird nach lokalem Brauch ganz ohne Salz gebacken, um dem Rechnung zu tragen. Lediglich zu Pastagerichten, Risotti und Polenta wird kein Brot gegessen, auch wenn man gelegentlich jemanden die Reste einer guten Sauce mit Brot von einem Teller wischen sieht, auf dem sich zuvor dampfende Spaghetti türmten. Diese Sitte wird *la scarpetta* – der kleine Schuh – genannt. Sie entspricht nicht unbedingt den guten Umgangsformen, aber jeder tut es.

Das Brot, das heute in riesigen Fabriken hergestellt wird, ist zumeist langweilig, und einige Italiener entdecken zu einem hohen Preis wieder, wie es in den guten alten Zeiten schmeckte. *Grissini,* von Hand bereitete knusprige Weißbrotstangen,

Vorhergehende Doppelseite: *Foccacia* (Rezept Seite 100)

ursprünglich eine Spezialität aus Turin, bekommt man heute überall, ebenso die immer beliebtere *ciabatta.* In meinem Restaurant backen wir täglich *focaccia* und *grissini,* und meine Gäste wissen das zu schätzen.

Aber ein altes italienisches Sprichwort sagt, *La vita non è fatta di solo pane,* das Leben besteht nicht aus Brot allein, was bedeutet, daß man außer Brot noch anderes braucht, und es gibt wahrlich viele Dinge, die im Backofen gegart werden, wie Pasta- oder Gemüseaufläufe, süße und pikante Torten und Pasteten, Kekse und natürlich Pizza, die, zusammen mit *focaccia,* die ganze Welt erobert hat.

Der Inbegriff des Bratens ist der *fritto misto* (gemischtes Ausgebackenes), der sich von Region zu Region unterscheidet. An der Italienischen Riviera findet man, wie in den meisten italienischen Küstengebieten, *fritto misto di pesce,* gewöhnlich nach der Gegend benannt, aus der er kommt. Am bekanntesten sind *fritto misto ligure* und *fritto misto della laguna,* die sich jedoch recht stark unterscheiden, da für sie lokale Fänge verwendet werden. Die kleinen Fische und Meeresfrüchte, etwa junge Kraken und Kalmare oder Garnelen, werden in Mehl gewendet und anschließend knusprig gebraten. Der *fritto misto alla piemontese* unterscheidet sich völlig von allen anderen. Für ihn werden Fleischstücke, Leber, Gemüse und sogar süße *amaretti* in verquirltes Ei getaucht, in Semmelbröseln gewendet und in Butter gebraten. In anderen Teilen Italiens ißt man gerne *fritto misto di verdure.* Ich bereite auf diese Weise am liebsten Waldpilze und kleine Artischockenherzen zu. Außer den ausgebackenen Zucchiniblüten und *frittelle di zucchine* möchte ich Ihnen die ausgebackene Pizza (siehe Seite 97) empfehlen, die ich als Kind besonders gerne gegessen habe.

Gennaro (links) und Antonio genießen die Ausbeute einer erfolgreichen Pilzsuche.

FUNGHI SALTATI ALL'APERTO
Sautierte Waldpilze

FÜR 4 PERSONEN:
450 g Waldpilze (wie Steinpilze, Edel-Reizker oder was immer Sie an diesem Tag finden)
50 g Butter oder 2–3 EL Olivenöl
1 kleine Knoblauchzehe, feingehackt
Salz

Wenn man Pilze gesammelt hat, ist man ziemlich hungrig. Doch wenn man einen Campingkocher, eine Bratpfanne, Butter, Salz und Brot dabei hat, kann die Natur den Rest zur Verfügung stellen.

Falls Sie nicht ein wirklicher Pilzkenner sind, ziehen Sie ein gutes Pilzbuch zu Rate, andernfalls könnte dies vielleicht Ihre letzte Mahlzeit sein.

Die Pilze putzen und in Scheiben schneiden. Butter oder Öl erhitzen. Die Pilze mit dem Knoblauch hinzufügen und 8 bis 10 Minuten unter Rühren braten. Am Ende der Garzeit nach Geschmack salzen. Mit einem guten Brot essen.

TIGELLE DI ROBERTINO CON LARDO
Bobs Fladenbrot mit Schmalz

ERGIBT 16 STÜCK:
500 g Mehl
10 g frische Hefe
140 ml Milch
140 ml Wasser
1 Prise Salz
Butter zum Fetten
1 *tigelle*-Eisen (vielleicht bei einem Italienurlaub erstanden)

Für die Füllung:
(im Mixer zu einer Paste verarbeiten):
150 g *prosciutto crudo* (roher Schinken)
150 g Schweinefett
1 Knoblauchzehe
4 Zweige Rosmarin
frisch gemahlener schwarzer Pfeffer

Die Begeisterung von Robertino, einem fröhlichen Bauern aus der Gegend von Modena, ist mir noch sehr lebhaft in Erinnerung. Er aß mit einer solchen Hingabe, daß er, wie ich glaube, nur Bauer wurde, um stets an der Quelle der Nahrungsmittel zu sitzen. Alles, was auf seinem Hof produziert wird, ist ausgezeichnet, einschließlich des nocino *(siehe Seite 195), für den er offenbar berühmt ist.* Tigelle *sind kleine Brote, die zweimal gegangen sind und eine gewisse Ähnlichkeit mit Pitta-Brot haben. Sie werden heiß aufgeschnitten und mit einer Mischung aus Schinken, Fett, Salz, Rosmarin und Knoblauch gefüllt, aber auch mit grob geriebenem Parmesan und* aceto balsamico *schmecken sie wunderbar. In Robertinos Gegend gibt es ein besonderes Küchenutensil zum Backen dieser Teigfladen, das an ein Waffeleisen erinnert. Zusammen mit einem perlenden trockenen Lambrusco (ebenfalls hausgemacht) ist dies ein ausgesprochen nahrhafter Imbiß, der zu einem Hauptgang werden kann. Überflüssig, sich hier über Cholesterin Gedanken zu machen! Wenn Sie das Brot nicht selbst backen wollen, können Sie trotzdem die ungesunde Füllung in geröstetem Pitta- oder anderem Fladenbrot genießen, was, wie ich glaube, die einfachste Lösung sein wird. Doch für diejenigen, die es gern selbst ausprobieren möchten, habe ich hier das Rezept – und viel Glück bei der Suche nach einem* tigelle*-Eisen!*

Die Hefe in 3 EL lauwarmem Wasser auflösen, in einer großen Schüssel mit Mehl, Milch und Salz vermischen. Einen Teig herstellen und diesen an einem warmen Platz etwa 30 Minuten gehen lassen.

Von dem gegangenen Teig walnußgroße Stücke abnehmen und zu Kugeln rollen. Die Arbeitsfläche mit Mehl bestäuben und die Kugeln einzeln mit dem Nudelholz oder von Hand leicht abflachen, um kleine Fladen von 5 cm Durchmesser und gut 1 cm Dicke herzustellen. Ein sauberes

Küchentuch mit etwas Mehl bestäuben und die Teigkreise daraufsetzen. Die Fladen mit einem zweiten Tuch abdecken und an einem warmen Platz noch einmal etwa 15 Minuten gehen lassen.

In der Zwischenzeit das Eisen zum Erhitzen auf den Herd setzen. Drehen, damit beide Seiten heiß werden. Dann das Eisen öffnen und beide Seiten mit Butter einpinseln. Die Teigfladen hineinlegen und das Eisen schließen. Jede Seite 2 bis 3 Minuten auf der Kochstelle lassen, bis die Fladen beidseits leicht gebräunt sind.

Die Fladen aus dem Eisen nehmen und warm stellen, bis alle *tigelle* gebacken sind. Die Fladen seitlich einschneiden und etwas Füllung hineingeben oder, wie empfohlen, mit Parmesan, *aceto balsamico* und einigen Raukeblättern servieren.

FRITELLE DI ZUCCHINI
Gebratene Zucchiniküchlein

ERGIBT 24 STÜCK:
4 Zucchini (insgesamt etwa 750 g)
1/4 große Knoblauchzehe
3 Eier, verquirlt
2 EL frisch geriebener Parmesan
Meersalz
frisch gemahlener schwarzer Pfeffer
1 Prise frisch geriebene Muskatnuß
5 EL Mehl
2 EL feingehackte frische Minze
Olivenöl extra vergine

Diese Zucchiniküchlein bereitete ich einmal spontan zu, als ich plötzlichen Besuch von Freunden bekam und nichts hatte, was ich zu den Getränken servieren konnte.

Die vorbereiteten Zucchini raspeln, den Knoblauch zerdrücken. Alle Zutaten vermischen. 1 cm hoch Öl in eine Pfanne gießen und erhitzen. Gehäufte Eßlöffel der Mischung hineinsetzen und braten. Wenn sich auf einer Seite eine schöne goldbraune Kruste gebildet hat, die Küchlein rasch drehen. Das in der Mischung enthaltene Salz entzieht den Zucchini Wasser, was die Masse eventuell zu weich werden läßt. Falls dies der Fall ist, noch etwas Mehl hinzufügen; nach Möglichkeit sollte man das aber vermeiden.

Folgende Doppelseite (von hinten im Uhrzeigersinn): *Crostata di pasqua* (Rezept Seite 96); *Fritelle di zucchini* (Rezept Seite 89); *Fiori di zucchini ripieni* (Rezept Seite 93)

FRITELLE DI BACCALÀ
Klippfisch-Frikadellen

Für 4 Personen:

450 g Klippfisch, gewässert, gegart (siehe Seite 141) und enthäutet
2 Eier
2 EL Mehl
1 EL Milch
2 EL gehackter frischer Schnittlauch
frisch gemahlener schwarzer Pfeffer
Öl zum Braten
Zitronenspalten

Diese Frikadellen findet man manchmal in kleinen Cafés in Venedig. Zusammen mit anderen ungewöhnlichen Spezialitäten werden sie hauptsächlich Venezianern angeboten, die zu jeder Tageszeit gern eine kurze Pause machen, um eine ombra *– ein Glas Weißwein – zu trinken und kleine Snacks wie diesen zu essen.*

Den Klippfisch in kleine Stücke brechen, dabei darauf achten, daß alle Gräten entfernt werden, und mit Eiern, Mehl, Milch, Schnittlauch und schwarzem Pfeffer nach Geschmack vermischen. Gut 1 cm Öl in einer Pfanne erhitzen. Die Fischmasse eßlöffelweise hineinsetzen und die kleinen Frikadellen auf beiden Seiten goldbraun braten. Auf Küchenpapier abtropfen lassen und mit den Zitronenspalten garniert servieren.

FIORI DI ZUCCHINI RIPIENI
Gefüllte Zucchiniblüten

FÜR 4 PERSONEN:

120 g gegarter Spinat, ausgedrückt
135 g frischer Ricotta-Käse
4 EL gehacktes frisches Basilikum
3 EL frisch geriebener Parmesan
2 Eier
1 große Prise frisch geriebene Muskatnuß
1 Scheibe von einer Knoblauchzehe, zerdrückt
Meersalz
frisch gemahlener schwarzer Pfeffer
8 Zucchiniblüten
Öl zum Braten oder Fritieren

Es gibt zwei Sorten von Zucchiniblüten. Die einen haben an der Blütenbasis einen winzigen Zucchino sitzen; dies sind weibliche Blüten. Wer jedoch einen Gemüsebauern kennt, der Zucchini anbaut, sollte ihn fragen, ob er nicht vielleicht ein paar männliche Blüten übrig hat, bei denen sich keine kleinen Früchtchen an der Basis befinden. Möglicherweise will er nicht einmal Geld dafür.

Mir ist immer noch das Gesicht von Padre Emiliano, einem sehr netten Geistlichen in Grottaferrata nahe Rom, im Gedächtnis. Ich machte für die BBC einen Film über die Stadt und lud ihn ein, mit mir ein paar gefüllte Zucchiniblüten zu essen. Ich wußte nicht, ob er jemals zuvor etwas Ähnliches gegessen hatte. Nachdem er ein oder zwei probiert hatte, lag auf seinem Gesicht ein Ausdruck vollkommener Glückseligkeit. Nach den Zucchiniblüten gab es Gnocchi mit Gorgonzola und meine Tiramisu, und er vertilgte später auch noch ein riesiges Steak. Als ich meinte, er habe ja einen gewaltigen Appetit, erwiderte er lächelnd, er hätte am Morgen sehr hart gearbeitet, und dies sei der richtige Ausgleich.

Spinat, Ricotta, Basilikum, Parmesan, 1 Ei, Muskatnuß, Knoblauch, Salz und Pfeffer gut vermischen. Mit einer Spritztüte die Zucchiniblüten zu drei Vierteln füllen. Das verbliebene Ei verquirlen und die Blüten darin wenden. Braten oder fritieren, bis sie goldbraun sind. Sofort servieren.

Folgende Doppelseite (von links):
Pizza fritta (Rezept Seite 97); *Timballino vegetariano* (Rezept Seite 101)

CROSTATA DI PASQUA
Ostertorte

FÜR 6 PERSONEN:

Für den Teig:
100 ml Olivenöl
100 ml Wasser
300 g Mehl

Für die Füllung:
3 mittelgroße Artischockenherzen
250 g frischer Spinat
2 EL Olivenöl
1 Knoblauchzehe, gehackt
250 g Radicchio
10 Kapern
2 Eier, verquirlt
75 g Parmesan
Salz und frisch gemahlener schwarzer Pfeffer
verquirltes Ei oder Milch zum Bestreichen

Diese unwiderstehliche Ostertorte eignet sich bestens für ein Picknick am Ostermontag, an dem nahezu jeder Italiener einen Ausflug ins Grüne macht, um pasquetta *(Ostermontag) zu feiern.*

Den Backofen auf 200° C (Gasherd Stufe 3–4) vorheizen.

Zur Herstellung des Teigs zuerst Olivenöl und Wasser in einer Schüssel vermischen. Nach und nach das Mehl unterheben und einen Teig herstellen. Kurz kneten, dann abgedeckt für etwa 20 Minuten in den Kühlschrank stellen. Anschließend den Teig auf der bemehlten Arbeitsfläche mit dem Nudelholz ½ cm dick ausrollen und mit ihm eine gerillte Backform von ca. 20 cm Durchmesser und 8 cm Höhe auslegen. Aus dem übrigen Teig sechs dünne Streifen von etwa 1 cm Breite und 20 cm Länge schneiden und beiseite legen.

Für die Füllung die Artischockenherzen halbieren, dann in leicht gesalzenem kochendem Wasser garen, bis sie weich sind. Den gewaschenen Spinat grob hacken und in wenig leicht gesalzenem Wasser zusammenfallen lassen.

In einem großen Topf das Öl erhitzen und den Knoblauch darin kurz anschwitzen, dann den auseinandergezupften Radicchio und 250 ml Wasser hinzufügen. Gut umwenden. Die Kapern hineinrühren und die Zutaten etwa 8 bis 10 Minuten köcheln lassen, bis der Radicchio weich ist. Zu Ende der Garzeit sollte das gesamte Wasser verdampft sein. Gegarten Spinat und Artischocken unterheben.

Die Mischung in einer Schüssel abkühlen lassen. Eier, geriebenen Parmesan, Salz und Pfeffer hinzufügen und sorgfältig untermischen. Die Füllung in der Form verteilen. Die Teigstreifen in einem Gittermuster darauflegen, die Enden nötigenfalls kürzen. Dann mit den Fingern die Teigränder nach innen legen und festdrücken, so daß sie die Füllung umschließen. Die Teigstreifen mit etwas verquirltem Ei oder Milch bestreichen und die Torte für 35 Minuten in den Backofen schieben.

Sie schmeckt warm oder kalt köstlich.

PIZZA FRITTA
Ausgebackene Pizza

Ergibt 6 Stück à 20 cm Ø:

Für den Teig:

500 g Mehl
20 g frische Hefe oder die entsprechende Menge Trockenhefe
1 Prise Salz
Olivenöl zum Ausbacken

Für den Belag:

Einfache Tomatensauce (siehe Seite 76)
50 g frisch geriebener Parmesan
20 Basilikumblätter zur Dekoration
frisch geriebener schwarzer Pfeffer

Eines der Gerichte meiner Mutter, an die ich mich am liebsten erinnere, ist Pizza fritta. *Sie hatte damit zu Hause sehr viel Erfolg, und obwohl sie dauernd am Herd stand, war sie doch hochzufrieden, damit so viel Freude zu bereiten. Falls Sie dieses Rezept für eine Party ins Auge fassen, stellen Sie sicher, daß Ihre Gäste Ihnen in der Küche Gesellschaft leisten können – andernfalls würden Sie dort die ganze Nacht alleine verbringen!*

Das Mehl in eine große Schüssel häufen. Die Hefe in etwas lauwarmem Wasser auflösen und ein paar Minuten stehenlassen. Dieses Gemisch mit dem Salz und soviel zusätzlichem Wasser zum Mehl geben, daß ein relativ weicher Teig entsteht. Diesen mit einem Küchentuch bedeckt etwa 1 Stunde gehen lassen, bis sich sein Volumen verdoppelt hat.

Die Tomatensauce erwärmen. Inzwischen ein Stück Teig von der Größe eines Eies abnehmen und auf der bemehlten Arbeitsfläche ausrollen. Das Öl in einer Pfanne erhitzen und, sobald es heiß ist, den Teigfladen darin von beiden Seiten goldbraun braten. Auf einen Teller gleiten lassen und sogleich ein wenig Tomatensauce darauf verstreichen. Mit Parmesan bestreuen und mit Basilikumblättern garnieren. Man kann kaum mit dem Essen aufhören!

FOCACCIA AL FORMAGGIO

Käse-Focaccia

FÜR 4 PERSONEN:

1 kg Mehl

½ l Wasser

100 ml ligurisches Olivenöl

10 g frische Hefe

20 g Salz

500 g *Stracchino*-Käse

Olivenöl zum Fetten des Blechs und Bestreichen des Teigs

Dies ist eine Spezialität aus Camogli, einem malerischen Fischerdorf an der Italienischen Riviera, dessen Name sich von ca moglie *ableitet – im dortigen Dialekt ein Ausdruck für Häuser, die von Ehefrauen bewohnt werden. Er kam zustande, weil sich die gesamte männliche Bevölkerung stets auf dem Meer beim Fischen befand. Diese Spezialität wird von jedem geliebt, und wenn ich sie beschreiben sollte, würde ich sie als großen flachen Strudel bezeichnen, da der Teig sehr dünn und geschmeidig ist. Als Käse wird traditionell der sehr weiche* Certosino *benutzt, der leicht schmilzt und wunderbar schmeckt – man kann jedoch auch* Stracchino*-Käse verwenden. Das Gericht kann jederzeit gegessen werden, ob zum Frühstück oder zum Abendessen.*

Den Backofen auf 280° C (Gasherd Stufe 7–8) oder bis zum Maximum Ihrer Skala vorheizen.

In einer großen Schüssel Mehl, Wasser, Öl, Salz und Hefe vermischen und einen Teig herstellen. Den Teig etwa 5 Minuten in der Küchenmaschine, dann ca. 15 Minuten von Hand kneten, bis er elastisch ist. Für 30 Minuten zum Gehen an einen warmen Platz stellen.

Ein großes Backblech fetten. Den Teig halbieren und eine Hälfte auf der bemehlten Arbeitsfläche mit dem Nudelholz ausrollen. Dann den Teig mit den Händen dehnen, bis er nur noch etwa 2 mm dick ist. Auf das gefettete Backblech legen.

Den Käse in Flöckchen auf dem Teig verteilen.

Die andere Teighälfte in gleicher Weise bearbeiten und über den Käse legen. Mit den Fingerspitzen festklopfen. Die Ränder fest zusammendrücken und etwas Olivenöl auf die Teigoberfläche träufeln. Dann die *focaccia* etwa 15 Minuten oder so lange backen, bis sie knusprig ist.

Sonnenuntergang in Camogli.

FOCACCIA

Für 4 Personen:

Für den Teig:
500 g Mehl
15 g frische Hefe oder eine entsprechende Menge Trockenhefe
300 ml lauwarmes Wasser
2 EL Olivenöl extra vergine
10 g Meersalz

Für den Belag:
5 EL Olivenöl extra vergine
grobes Meersalz
frisch gemahlener schwarzer Pfeffer
(man kann auch Zwiebeln, Rosmarin oder andere Kräuter verwenden)

In meinem Restaurant und auch in Carluccios Laden nebenan gibt es stets focaccia, *die Gennaro bereitet hat. Sie wird mit den besten Zutaten wie Hartweizenmehl und nativem Olivenöl hergestellt und ist einfach herrlich. Jeder liebt sie, und sie schmeckt besser als alle, die ich in Italien probiert habe. Ihr Geheimnis ist einfach: Liebe und Hingabe für den Beruf.* Focaccia *stammt aus Genua, ist heute aber in ganz Italien und sogar schon in Supermärkten erhältlich. Das flache Brot wird meist als Beilage für alle möglichen Speisen benutzt. Frisch aus dem Ofen und wie ein Sandwich aufgeschnitten mit einer Scheibe Mortadella in der Mitte ist es unwiderstehlich. Mit Tomate, Zwiebeln oder Kräutern belegte* focaccia *kann auch noch einen Tag später gegessen werden, sofern sie im Ofen kurz aufgebacken wird.*

Den Backofen auf 240° C (Gasherd Stufe 5–6) vorheizen. Das Mehl in eine Schüssel sieben. Die Hefe in dem lauwarmen Wasser auflösen und zusammen mit Öl und Salz in eine Mulde in der Mitte des Mehls gießen. Die Zutaten zu einem Teig verarbeiten und diesen etwa 10 Minuten kneten, bis er elastisch ist. Oder die Zutaten in der Küchenmaschine vermischen und den Teig 2 Minuten kneten. In eine Schüssel legen, mit einem feuchten Küchentuch abdecken und etwa 1 Stunde gehen lassen, bis er sein Volumen verdoppelt hat.

Den Teig noch einmal durchkneten und dann mit den Händen zu einem Oval von 2,5 cm Dicke formen. In Abständen von etwa 2,5 cm die Fingerknöchel in die Teigoberfläche drücken. Olivenöl auf den Teig träufeln und mit den Fingerspitzen behutsam auf der Oberfläche verteilen. Salz und Pfeffer daraufstreuen. Das Brot noch einmal 30 Minuten gehen lassen. Etwa 15 Minuten backen, bis der Boden beim Daraufklopfen hohl klingt. Aus dem Backofen nehmen und mit weiteren 2 EL Öl beträufeln.

TIMBALLINO VEGETARIANO
Vegetarischer Auflauf

Für 4 Personen:

2 Zucchini, jeweils etwa 200 g schwer und

1 Aubergine, 500 g schwer, längs in 5 mm dicke Scheiben geschnitten

120 g Brokkoliröschen, gegart, abgeschreckt, auf einem Küchenhandtuch abgetrocknet und in Scheiben geschnitten

90 g grüne Bohnen, gegart, abgeschreckt und in 8 cm lange Stücke geschnitten

4 EL mit Salz und Pfeffer gewürztes Mehl

4 Eier, verquirlt

Olivenöl zum Braten

200 g Fontina-Käse oder Gruyère, in 1 cm große Würfel geschnitten

100 g frisch geriebener Parmesan

500 g Tomatensauce (siehe Rezept Seite 76)

Die Traditionen der italienischen Gemüseküche entspringen dem Bemühen, in Zeiten, da Fleisch knapp und teuer war, in der heimischen Region gezogenes Gemüse so zuzubereiten, daß es als Ersatz dienen konnte. Dies führte dazu, daß die Menschen in Italien Fleisch gar nicht vermissen, da es eine solch wunderbare Palette an Gemüsegerichten gibt.

Um diese köstliche Vorspeise als Hauptgericht zu servieren, erhöht man einfach die Mengen.

Den Backofen auf 200°C (Gasherd Stufe 3–4) vorheizen.

Zucchini-, Auberginen- und Brokkolischeiben im Mehl wenden und Überschuß abklopfen, dann in die verquirlten Eier tauchen. In einer hohen Pfanne mit 2,5 cm sehr heißem Öl fritieren, bis sie auf beiden Seiten goldbraun sind. Auf Küchenpapier abtropfen lassen.

In einer ofenfesten Form 3 EL Tomatensauce verteilen, dann die Zutaten wie folgt einschichten: Auberginenscheiben, Fontina, Tomatensauce, Parmesan, grüne Bohnen, Zucchini, Brokkoli, Tomatensauce, Parmesan. Dies wiederholen und mit einer Schicht Tomatensauce und Parmesan abschließen.

Die Form für etwa 30 Minuten in den Backofen schieben, bis der Auflauf blubbert.

SECOND
Hauptgerichte

–CARNE

– Fleisch

Obwohl die Italiener alle Arten von Fleisch mögen, ist es nicht der wichtigste Bestandteil der traditionellen Mahlzeit. Dies hat historische Gründe, da man sich früher hauptsächlich dem Ackerbau widmete. Bis zum Zweiten Weltkrieg etwa wurden besondere Stücke Rindfleisch nur in begüterten Familien gegessen. Ich erinnere mich, daß ich vor etwa fünfzig Jahren als Kind froh und glücklich war, wenn wir an Sonntagen einen Hühnerbraten bekamen, aus dessen Resten dann Brühe bereitet wurde, die die Grundlage für eine weitere Mahlzeit bildete.

Während des Zweiten Weltkrieges machten die Italiener die Bekanntschaft von Dosenfleisch, das noch heute mit demselben Etikett von derselben Firma wie einst angeboten wird – Simmenthal, ein wahrlich sehr italienischer Name. Ich selbst beschloß vor einiger Zeit, eine Dose aufzumachen, und muß sagen, das Fleisch schmeckte mir. In Scheiben geschnitten, mit hauchdünnen rohen Zwiebelringen und ein wenig Essig und Öl, brachte es Erinnerungen zurück.

In meiner Kindheit waren weitere Alternativen zu Rind Schweinefleisch, Lamm und Ziege, die auf vielfältige Weise zubereitet oder für den späteren Verzehr zu Wurst, Salami und Schinken verarbeitet werden konnten. Tatsächlich haben die Italiener um das Schwein eine ganze Industrie aufgebaut, deren bekanntestes Produkt weltweit der Parmaschinken ist, aber damit kehren wir ja zu den *antipasti* zurück! Aus Lamm und Ziege lassen sich ebenfalls köstliche Gerichte zubereiten, die vor allem an Ostern gegessen werden. Für diese Fleischsorten gibt es buchstäblich hunderte regionaler Rezepte.

Nach dem Krieg wurde Rindfleisch zu einer Art Maß für den sozialen Status. Damen kauften beim Metzger *una fettina* – eine kleine Scheibe – geschmackloses Kalbfleisch, da dies als Statussymbol galt. Mit neuen Methoden der Tierzucht und mit steigendem Einkommen der Bevölkerung fand der sonntägliche Hühnerbraten weite Verbreitung, ebenso Ente oder Gans, die hauptsächlich zu Weihnachten serviert wurden, und vor allem auch der *cacciagione,* das Wildbret. Wild war schon immer ein Fleischlieferant. Italiener waren seit jeher so fanatische Jäger, daß sie sich sehr oft versehentlich gegenseitig erschossen. Die Regierung mußte daher diesen »Sport« durch Gesetze regeln.

Vorhergehende Doppelseite:

Brasato al Nebbiolo (Rezept Seite 125)

Heute produziert Italien bestes Fleisch jeglicher Art nach strengen hygienischen Vorschriften, die hauptsächlich von der EU diktiert werden. Es ist wahrlich ein Traum, eine *fiorentina* zu essen, ein typisch toskanisches T-Bone-Steak von ungewöhnlicher Qualität. Dieses teure Rindfleisch wird im Val di Chiana bei Florenz erzeugt, doch da die produzierten Mengen kaum die regionale Nachfrage decken, müssen Sie sich schon vor Ort begeben, wenn Sie ein echtes Steak essen wollen. Auch im Piemont und in der Lombardei wird exzellentes Fleisch produziert, und die Weiden an den Hängen der Voralpen sind ebenso saftig wie die in Schottland. Übrigens kommt ein Teil des in Italien konsumierten Rindfleisches aus Aberdeen und sogar aus Argentinien.

Die Toskana, Ligurien, das Piemont und andere Regionen, die reich bewaldet sind, bieten viel Wild und vor allem Kaninchen, die als Spezialität wiederentdeckt wurden. Es kommen viele Sorten Fleisch auf den italienischen Tisch, die geschmort, gebraten, gegrillt, gedünstet, gekocht und sogar roh oder in einer Sauce serviert werden.

Da in Italien eine Mahlzeit aus mehreren Gängen besteht, brauchen die Fleischportionen nicht so groß zu sein wie beispielsweise in Deutschland, Schottland und Amerika. Um mit der übrigen Mahlzeit in Einklang zu stehen, sollte das Fleischgericht dezent und nur ein Happen zum Probieren sein. Aus diesem Grund haben die Italiener die *scaloppine* erfunden. Man nimmt dazu ein zartes Stück Fleisch von Kalb, Schwein, Lamm, Huhn oder Pute, klopft es flach, wendet es in Mehl, brät es kurz in etwas Öl oder Butter und gibt dann nach Geschmack Marsala, Zitrone, Weißwein oder Essig dazu. Dies ist der Inbegriff der italienischen Küche. Frisch, schnell, unkompliziert und ungemein schmackhaft.

SPIEDINO DI NOCCIOLE D'AGNELLO

Lammnuß-Spieße

Für 4 Personen:

250 g geschälter Topinambur,
475 g Lammnüßchen oder -filet
15 g Butter
1 TL Mehl

Für die Marinade:

½ Knoblauchzehe, in Scheiben geschnitten
1 frische rote Chilischote, in Streifen geschnitten
4 EL Olivenöl extra vergine
1 TL grobgehackte frische Minze
1 TL grobgehackter frischer Salbei
1 TL gehackter frischer Rosmarin
abgeriebene Schale von ½ unbehandelten Zitrone und Saft von 1 Zitrone
Meersalz
frisch gemahlener schwarzer Pfeffer
1 Glas trockener Rotwein

Bei diesem Gericht denke ich immer an das Leben unter freiem Himmel und Sommer mit herrlichen Grillfesten. Ein leckerer Salat aus geröstetem Paprika mit crostini *ist eine ideale Beilage. Gewiß muß ich nicht erwähnen, daß die Spieße von einem Holzkohlengrill ungleich besser schmecken.*

Den Grill vorheizen.

Den Topinambur in dünne Scheiben schneiden, in reichlich Salzwasser sanft köcheln, bis er gerade weich wird, und mit sehr kaltem Wasser abschrecken. Inzwischen das Fleisch in ca. 5 cm große Würfel schneiden. Die Zutaten für die Marinade vermischen. Lammfleisch und Topinambur hinzufügen und mindestens 2 bis 3 Stunden durchziehen lassen.

Abwechselnd Fleischstücke und Topinambur auf vier Spieße stecken: Auf jedem Spieß sollten sich acht Fleischstücke befinden. Die Spieße auf den Grill legen.

In der Zwischenzeit die Butter in einer Pfanne zerlassen. Das Mehl zufügen und 2 Minuten unter Rühren anschwitzen. Nach und nach die Marinade unterrühren. Die Sauce 2 bis 3 Minuten köcheln lassen. Zu den Fleischspießen servieren.

OCA ARROSTO
Gänsebraten

FÜR 10 PERSONEN:
1 frische küchenfertige Gans (4,5 kg schwer)
2 EL Olivenöl extra vergine
Meersalz
frisch gemahlener schwarzer Pfeffer
150 ml Wasser

Ich weiß, ich weiß . . . das Fett. Wir leben in einer fast fettlosen Zeit, aber wenn Sie einmal überlegen, was man mit dem ausgebratenen Fett einer Gans – es entspricht etwa einem Fünftel ihres Gesamtgewichtes – für herrliche andere Speisen zubereiten kann, ist es in meinen Augen ein Gewinn. Übrigens ist dieses Fett in Italien und Frankreich recht teuer. Das übrige Fleisch sollte, wenn es von guter Qualität ist und richtig gegart wurde, wie eine Delikatesse aus vergangenen Zeiten schmecken.

Es gibt zwei Sorten Kohl, die großartig zu Gans schmecken: Rotkohl mit Äpfeln und Wirsing mit Speck (siehe Seiten 162 und 178). Zudem passen mit aceto balsamico *gebratene Paprikaschoten gut zu diesem Gericht (Seite 181). Alle diese Gemüse schmecken noch besser, wenn sie drei Tage nach der Zubereitung gegessen werden. Denken Sie daran, die Zutatenmengen mal 2,5 zu nehmen, um 10 Portionen zu erhalten.*

Den Backofen auf 190°C (Gasherd Stufe 2–3) vorheizen.

Die Gans mit der Brust nach oben in einen großen Bräter legen und das Öl in die Haut reiben. Innen und außen salzen und pfeffern. Das Wasser in den Bräter gießen, die Gans fest mit Alufolie abdecken und 2 Stunden braten. Die Folie öffnen und die Gans von Zeit zu Zeit mit ihrer Bratflüssigkeit abschöpfen, um sicherzustellen, daß die Haut knusprig wird. Noch einmal ca. 30 Minuten braten.

Das Fett abschöpfen, dabei darauf achten, daß es frei von Trübstoffen ist. Falls notwendig, das Fett kaltstellen – die Trübstoffe sinken dann zu Boden und können entfernt werden, nachdem das Fett erstarrt ist.

Die Gans 15 Minuten ruhen lassen, anschließend tranchieren und mit Kohl und Paprikagemüse servieren.

BRACIOLETTE DI MAIALE AL VINO ROSSO

Schweinefleischrouladen mit Rotwein

Für 4 Personen:

ca. 1,3 kg Schweinefilet, in 5 mm dicke Scheiben geschnitten (pro Person 3 Stück)
Meersalz
frisch gemahlener schwarzer Pfeffer
20 g frisch geriebener Parmesan
2 EL feingehackte frische glattblättrige Petersilie
1 EL gehackter frischer Rosmarin
12 frische Salbeiblätter
75 g Butter
120 g Mortadella, in 1×7,5 cm große Stifte geschnitten
8 kleine Dillgurken, halbiert
1 EL Olivenöl extra vergine
½ rote Paprikaschote, entkernt und feingewürfelt
200 ml trockener Rotwein
1 Zweig frischer Rosmarin
25 g Mehl

Braciola *ist ein mehrdeutiges Wort. Im Süden Italiens ist es die Bezeichnung für ein Stück Fleisch mit Knochen, in anderen Teilen für ein gerolltes Stück Fleisch ohne Knochen. Für letzteres nimmt man entweder ein dünnes, geklopftes Schnitzel, welches zum Rollen zurechtgeschnitten wird, oder ein 5 mm dickes Stück Schweinefleisch, das ebenfalls so dünn geklopft wird, daß es sich gut rollen läßt. Ich persönlich bevorzuge Filet, da es zarter ist. Falls Sie keinen Fleischklopfer besitzen, bitten Sie Ihren Metzger darum, das Fleisch zu klopfen.*

Die Filetscheiben einzeln zwischen Klarsichtfolie flachklopfen. Salzen und pfeffern, dann mit Parmesan, Petersilie, Rosmarin und Salbei bestreuen. 25 g Butter in Flöckchen daraufsetzen und auf jede Scheibe einen Mortadellastift und eine halbe Gurke legen. Die Fleischscheiben aufrollen und mit einem Holzspieß zusammenstecken.

Das Öl mit 25 g Butter erhitzen und das Fleisch rundum gleichmäßig und rasch bei mittlerer Hitze bräunen. Die Paprikaschote zufügen und 2 Minuten braten. Den Wein hineinrühren und 2 Minuten garen, bis sich der Alkohol verflüchtigt hat. Die Hitze reduzieren und den Rosmarinzweig hinzufügen. Restliche Butter und Mehl in einer kleinen Schüssel vermischen und unter die Sauce schlagen. Abschmecken und die *braciolette* auf Teller heben. Die Spieße herausziehen und die Fleischröllchen mit Sauce überziehen.

Mit *cipolline al balsamico* (siehe Seite 165) servieren.

SCALOPPINE DI POLLO CON ERBE

Hähnchenschnitzel mit Kräutern

FÜR 4 PERSONEN:

4 enthäutete Hähnchenbrüste mit Knochen
2 EL mit Salz und Pfeffer gewürztes Mehl
50 g ungesalzene Butter
1 EL Olivenöl extra vergine
je 1 EL der folgenden feingehackten, frischen Kräuter: Kerbel, Dill, Petersilie, Schnittlauch, Basilikum, Minze und Rosmarin
½ Knoblauchzehe, feingehackt
⅓ feingehackte frische rote Chilischote, oder nach Geschmack abgeriebene Schale und Saft von 1 unbehandelten Limette
4 EL Hühnerbrühe
4 EL trockener Weißwein
Meersalz

Diese Kombination aus pochiertem Fleisch und verschiedenen Kräutern ergibt ein wunderbares Gericht für den Sommer, das nicht zu schwer ist und mit fagiolini alla menta, *einem Salat von grünen Bohnen und Minze, wunderbar schmeckt. Wie bei vielen anderen Rezepten für helles Fleisch, wird hier eine Zutat mit relativ wenig Eigengeschmack auf sehr pikante Weise zubereitet. Das Geheimnis liegt in der richtigen Zusammenstellung der Kräuter.*

Einen Hauch von Extravaganz erhält das Rezept, wenn man das Fleisch am Knochen beginnend in Form einer Krake in Streifen schneidet. Dies verleiht den Brüstchen einen kräftigeren Geschmack und reduziert die Garzeit.

Die Hähnchenbrüste im Mehl wenden. Dann bei mittlerer Hitze in 25 g Butter und dem Öl auf beiden Seiten bräunen. Warm halten.

In derselben Pfanne 25 g Butter zerlassen. Kräuter, Knoblauch, Chilischote, abgeriebene Schale und Saft der Limette, Brühe und Wein hinzufügen. Die Hähnchenbrüste wieder in die Pfanne legen und etwa 10 Minuten pochieren, bis das Fleisch gar ist. Salzen und mit der Sauce servieren.

Folgende Doppelseite (von links):
Coniglio San Domenico (Rezept Seite 123); *Scaloppine di pollo con erbe* (oben)

ROGNONI TARTUFATI
Getrüffelte Nieren

Für 4 Personen:

4 EL Olivenöl extra vergine
1 ganze frische Chilischote, einmal eingeschnitten
1 EL gehackter frischer Salbei
1 Knoblauchzehe, in Scheiben geschnitten
650 g Kalbsnieren, enthäutet, gesäubert und in dünne Scheiben geschnitten
85 ml trockener Rotwein (am besten ein guter Barolo)
1 EL feingehackte frische glattblättrige Petersilie
Meersalz
½ EL Trüffelöl oder etwas frische Trüffel

Nieren sind nicht jedermanns Sache, doch dieses Rezept darf hier nicht fehlen, da Innereien in Italien sehr beliebt sind. Und vielleicht bekommen Sie ja Lust! Man serviert es mit ein wenig weicher Polenta, Reis oder Kartoffelpüree.

Kalbsnieren sind selbstverständlich am zartesten; wer andere Nieren verwendet, sollte dies bei der Garzeit berücksichtigen.

Und sollten Sie der glückliche Besitzer einer Trüffel aus Alba oder Umbrien sein – verwenden Sie sie!

Chilischote, Salbei und Knoblauch im heißen Öl 30 Sekunden anbraten. Die Nieren hinzufügen und bei starker Hitze etwa 5 Minuten unter Rühren braten, bis die Poren rundum geschlossen sind. Wein, Petersilie und Salz nach Geschmack hineinrühren und 2 Minuten garen, bis sich der Alkohol verflüchtigt hat. Das Trüffelöl unterrühren oder etwas frische Trüffel darüberhobeln. Dazu gutes knuspriges Brot reichen.

COSTOLETTA ALLA MILANESE

Paniertes Kalbskotelett nach Mailänder Art

Für 4 Personen:

1 kg Kalbskoteletts, etwa 2,5 cm dick
2 EL mit Salz und Pfeffer gewürztes Mehl
2 Eier, verquirlt
300 g feine Semmelbrösel
90 g ungesalzene Butter
1 Zitrone zum Servieren

Wie es heißt, probierten die Österreicher, als sie nach Mailand kamen, costoletta alla milanese *und machten daraus ihr Wiener Schnitzel . . .* Costoletta alla milanese *ist eine der schönsten Möglichkeiten, ein recht zartes Stück Fleisch zu genießen. Puristen behaupten, eine echte* costoletta alla milanese *werde nur aus Kotelett mit Knochen zubereitet.*

Eine ideale Beilage ist ein Chicoréesalat mit etwas Rauke.

Die Koteletts zwischen Klarsichtfolie legen und klopfen, bis sie 1 cm dick sind. In dem gewürzten Mehl wenden. Überschüssiges Mehl abklopfen, dann die Koteletts in dem verquirlten Ei drehen und mit Semmelbröseln überziehen.

In einer großen Pfanne 20 g Butter zerlassen und die Koteletts behutsam braten, bis sie auf beiden Seiten goldbraun sind, nötigenfalls weitere Butter hinzufügen. Wenn die Koteletts groß sind, müssen sie eventuell portionsweise gegart werden. Gebratene Koteletts im Ofen warm halten, bis die übrigen fertig sind.

Mit Zitronenspalten garniert servieren.

UCCELLETTI SCAPPATI CON POLENTA

Falsche Vögelchen mit Polenta

FÜR 4 PERSONEN:

10 g getrocknete Steinpilze
150 ml lauwarmes Wasser
4 kleine Hähnchenbrüste, waagerecht in 3 dünne Scheiben geschnitten oder 12 dünne Scheiben Putenbrust
Meersalz
frisch gemahlener schwarzer Pfeffer
5 Scheiben Speck, jeweils etwa 15 g schwer
40 g Pinienkerne
1 EL feingehackte frische glattblättrige Petersilie
10 g Butter
mit Salz und Pfeffer gewürztes Mehl

Dies ist eine Spezialität aus Bergamo, die man aber auch in der Region Venetien kennt.

Die getrockneten Steinpilze 30 Minuten im lauwarmen Wasser einweichen. Gut abtropfen lassen, das Einweichwasser aufbewahren. Die Pilze fein hacken.

Die Fleischscheiben einzeln zwischen Klarsichtfolie legen und mit einem Fleischklopfer dünn klopfen. Salzen und pfeffern. Auf jedes Stück 1/3 Scheibe Speck, Pinienkerne, gehackte Pilze und etwas Petersilie geben und ein Butterflöckchen daraufsetzen. Die Scheiben aufrollen und mit einem Spieß zusammenstecken. Im Mehl wenden, überschüssiges abklopfen.

Die *scallopine* im heißen Öl von allen Seiten sanft bräunen, bis sie gar sind. Aus der Pfanne nehmen und die Spieße herausziehen. Warm halten. Schalotte und Knoblauch in derselben Pfanne 30 Sekunden braten, dann die frischen Pilze hinzufügen. 3 Minuten unter Rühren behutsam schmoren. Die verbliebene, in dünne Streifen geschnittene Speckscheibe und den Rotwein dazugeben. 2 Minuten köcheln lassen, bis sich der Alkohol verflüchtigt hat, dann 4 EL des zurückgestellten, durchgesiebten Einweichwassers, Salz und Pfeffer, Petersilie und Tomatenpüree dazugeben. Weitere 2 Minuten garen, damit sich die Aromen entfalten, dann die »Vögelchen« wieder in die Pfanne legen. 5 Minuten sanft köcheln lassen, nötigenfalls weiteres Einweichwasser hinzufügen. Abschmecken.

Für die Sauce:

2 EL Olivenöl extra vergine

1 Schalotte, feingehackt

1 Knoblauchzehe, feingehackt

200 g frische Shiitake-Pilze

150 g frische Austernpilze

2 EL trockener Rotwein

Meersalz

frisch gemahlener schwarzer Pfeffer

1 TL feingehackte frische glattblättrige Petersilie

1 EL *passata di pomodoro* (passierte Tomaten)

Für die Polenta:

90 g Instant-Polenta

600 ml Wasser mit Meersalz

50 g Butter

2 EL feingehackte frische glattblättrige Petersilie

In einem Topf das Wasser für die Polenta zum Kochen bringen. Die Polenta in einem dünnen Strahl in das kochende Wasser rieseln lassen und rühren, bis sie dick geworden ist. Butter und Petersilie hinzufügen und die Polenta mit den falschen Vögelchen und der Sauce servieren.

FEGATO AL BALSAMICO
Leber mit Balsamessig-Sauce

FÜR 4 PERSONEN:
12 EL Olivenöl extra vergine
1 große Zwiebel, in dünne Ringe geschnitten
6 dünne Scheiben Kalbsleber, jeweils etwa 75 g schwer, schräg in Streifen geschnitten
mit Salz und Pfeffer gewürztes Mehl
4 EL *aceto balsamico*
Meersalz
frisch gemahlener schwarzer Pfeffer
2 EL gehackter frischer Kerbel

In Italien heißt es, Kalbsleber sei gut, wenn man unpäßlich oder ein wenig blaß ist, doch möglicherweise ist dies nur ein Ammenmärchen. Aber Leber schmeckt wunderbar, vor allem wenn sie so rasch gebraten wird, daß sie außen knusprig, innen jedoch noch saftig ist.

Als Beilage würde ich kleine, mit Knoblauch und Rosmarin in Butter geschwenkte Kartoffelwürfel empfehlen.

Die Zwiebel behutsam im Öl braten, bis sie beginnt, braun zu werden. In der Zwischenzeit die Leber im Mehl wenden und den Überschuß abklopfen. In die Pfanne geben und die Temperatur erhöhen. Die Leber 2 Minuten unter ständigem Rühren braten. Den Balsamessig sowie Salz und Pfeffer hinzufügen und weiterrühren. Mit Kerbel bestreut servieren.

COSTOLINE DI AGNELLO RIPIENE

Gefüllte Lammkoteletts

FÜR 4 PERSONEN:
16 Lammkoteletts, ca. 2,5 cm dick
Meersalz
frisch gemahlener schwarzer Pfeffer
75 g Fontina-Käse oder Gruyère, gehobelt
16 große frische Salbeiblätter
75 g Parmaschinken, in Scheiben geschnitten
2 Eier, mit einer Prise Meersalz verquirlt
300 g feine Semmelbrösel
Olivenöl zum Braten

Dies ist eine Variante von costoletta alla valdostana, *einer Spezialität des Aostatales also, für die aus der Gegend stammende Kalbskoteletts und Fontina-Käse verwendet werden. Der Vorteil dieses Rezeptes besteht darin, daß man die Koteletts im voraus zubereiten und in letzter Minute garen kann.*

Jedes Kotelett waagerecht in der Mitte tief ein- und beinahe durchschneiden, dann aufklappen. Salzen und pfeffern, auf eine Seite ein Scheibchen Fontina oder Gruyère, ein Salbeiblatt und etwas Parmaschinken legen. Das Fleisch wieder zusammenklappen. Die Koteletts in Ei tauchen und vollständig mit Semmelbröseln überziehen. Dann fest zusammendrücken und leicht klopfen. Bei mittlerer Hitze im Öl auf beiden Seiten goldbraun braten.

Pro Person vier Koteletts servieren, dazu *insalata di fagiolini* (siehe Seite 171) servieren.

Folgende Doppelseite (von links):
Braciolette di maiale al vino rosso (Rezept Seite 108); *Costoline di agnello ripiene* (oben)

MEDAGLIONI DI MANZO CON FUNGHI

Rindermedaillons mit Pilzen

Für 4 Personen:

2 EL Olivenöl extra vergine
1 große Zwiebel, feingehackt
1 Knoblauchzehe, feingehackt
gehackte frische Chilischote nach Geschmack
1 EL gehacktes frisches Basilikum
2 EL gehackter frischer Schnittlauch
1 EL gehackter frischer Salbei
400 g frische Maronenröhrlinge, geputzt und in Scheiben geschnitten
Meersalz
120 ml Rinderbrühe (es kann auch ein Brühwürfel verwendet werden)
2 EL Olivenöl extra vergine
12 Rindermedaillons, aus dem schmaleren Ende des Filets geschnitten, jeweils etwa 50 g schwer

Für dieses Rezept können auch Pfifferlinge oder frische Morcheln verwendet werden.

Zwiebel, Knoblauch und Chilischote im Öl behutsam braten, bis sie weich, aber noch nicht gebräunt sind. Basilikum, Schnittlauch und Salbei hineinrühren und 1 Minute garen, dann die Pilze sowie etwas Salz untermischen, damit sie Wasser ziehen. Sobald die Flüssigkeit verdunstet ist, die Brühe hinzufügen und die Pilze weitere 1 bis 2 Minuten garen; sie sollten aber noch Biß haben.

In einer zweiten Pfanne das Olivenöl erhitzen. Wenn es sehr heiß ist, die Rindermedaillons hineingeben und rasch auf beiden Seiten bräunen. So stark durchbraten wie gewünscht.

Die Medaillons auf vorgewärmte Teller legen und mit der Sauce überziehen. Mit Bratkartoffeln servieren.

OSSOBUCO AL BAROLO
Kalbshaxe mit Barolo

Für 4 Personen:

4 Scheiben Kalbshaxe, jeweils 4 cm dick und gut 200 g schwer
mit Salz und Pfeffer gewürztes Mehl
6 EL Olivenöl extra vergine
1 große Zwiebel, feingehackt
4 Stangen Staudensellerie, feingehackt
1 frischer Zweig Rosmarin
4 EL trockener Rotwein, am besten Barolo
1 EL Wermut
4 EL Rinderbrühe (es kann auch ein Brühwürfel verwendet werden)
Meersalz
frisch gemahlener schwarzer Pfeffer

Osso *bedeutet Knochen und* buco *Loch, was den Kern der Sache trifft. Bei einer Kalbshaxe handelt es sich um ein Stück Fleisch mit einem Knochen, der ein Loch hat. Dieses Loch ist mit einer wundervollen Masse gefüllt, die man als Mark bezeichnet. Das Mark ist besonders nahrhaft.*

Dies ist ein typisches Mailänder Gericht, das gewöhnlich mit Safranreis serviert und vor allem im Winter gern gegessen wird.

Den Backofen auf 150°C (Gasherd Stufe 2) vorheizen.

Das Fleisch im Mehl wenden und den Überschuß abklopfen. In dem heißen Öl auf beiden Seiten anbraten. Zwiebel, Staudensellerie und Rosmarin hinzufügen und 2 Minuten behutsam braten. Rotwein und Wermut dazugeben und 2 Minuten garen, bis sich der Alkohol verflüchtigt hat. Rinderbrühe, Salz und Pfeffer zufügen. Das Fleisch zugedeckt in den Backofen schieben. Etwa 1 Stunde schmoren, bis es weich ist. Mit Reis oder besser noch mit Safranrisotto servieren.

BRACIOLE DI MAIALE DI ROSETTA

Rosettas Schweinekoteletts

FÜR 4 PERSONEN:

4 Schweinekoteletts mit Knochen, jeweils 275 g schwer
mit Salz und Pfeffer gewürztes Mehl zum Wenden
Olivenöl zum Braten
1 Dose Eiertomaten (400 g)
1 Knoblauchzehe, feingehackt
1 Lorbeerblatt
1 frische rote Chilischote, in Scheiben geschnitten, oder nach Geschmack
100 ml trockener Rotwein
50 ml Essig
50 ml Wasser
½ TL Salz

Die Idee für diese Zubereitungsmethode stammt von Rosetta, einer Wildhüterin im kalabrischen Sila-Gebirge. Der Aufwand in der Küche ist minimal, das Ergebnis maximal. Die kräftige Sauce paßt zu jedem fettreichen Fleisch und bildet ein harmonisches Gegengewicht dazu.

Das Fleisch im Mehl wenden und den Überschuß abklopfen. Dann in Öl auf beiden Seiten 5 Minuten anbraten. Die restlichen Zutaten hinzufügen und mit aufgelegtem Deckel etwa 1 Stunde leise köcheln lassen, bis das Fleisch weich ist.

CONIGLIO SAN DOMENICO

Kaninchen San Domenico

Für 4 Personen:

1 küchenfertiges Kaninchen (ca. 1 kg schwer)
3 mittelgroße Artischockenherzen
6 EL Olivenöl
1 große Zwiebel, feingehackt
100 g schwarze Tagiasca-Oliven (kleine ligurische Olivensorte)
6 Blätter frischer Salbei
1 Stengel Majoran
Salz und Pfeffer
1 Glas Weißwein
Hühnerbrühe nach Bedarf
1 TL Tomatenmark
2 TL frische Petersilie

Die vier alten Dominikanermönche im Kloster von Taggia aus dem 15. Jahrhundert scheinen den Zwängen des Lebens im 20. Jahrhundert völlig entgangen zu sein. Wie in alten Zeiten ziehen sie alles, was sie brauchen, in ihrem Garten, dessen Produkte wie etwa Artischocken, Zwiebeln, Salate und Obst, ja selbst Kaninchen so verlockend waren, daß ich nicht umhin konnte, dieses Gericht für sie zuzubereiten. Sie ließen es sich schmecken, und im Gegenzug luden sie mich ein, einige Zeit bei ihnen zu verbringen. Dieses Rezept ist den Padri von Taggia gewidmet.

Das Kaninchen in Stücke mittlerer Größe zerlegen; vielleicht nimmt Ihnen Ihr Metzger diese Mühe ab.

Die Artischockenherzen vierteln. In eine Schüssel mit Wasser und etwas Zitronensaft legen, damit sie sich nicht verfärben.

Das Öl in einer großen Pfanne erhitzen, die Zwiebel darin anbraten. Kaninchenteile, Oliven, Salbei, Majoran, Salz, Pfeffer, Wein und etwas Brühe hinzufügen. Die Zutaten gut vermischen, dann mit aufgelegtem Deckel 30 Minuten köcheln lassen.

Nach Ablauf dieser Zeit prüfen, ob mehr Flüssigkeit (Brühe) erforderlich ist. Artischocken, Tomatenmark und Petersilie hinzufügen und alles weitere 10 bis 15 Minuten köcheln lassen. Mit *patate al forno* (siehe Seite 168) servieren.

ANITRA ALLA VERDI
Ente Verdi

FÜR 4 PERSONEN:
1 Ente, ca. 1,5 kg schwer
150 g feingehackter Parmaschinken, vorwiegend Fett
1 Zweig frischer Rosmarin
2 Möhren
1 mittelgroße Zwiebel
2 EL Olivenöl
Hühnerbrühe nach Bedarf

Ich bereitete dieses Gericht das erstemal in Busseto nahe Parma zu, wo der große Meister Giuseppe Verdi geboren wurde, und zwar für jene Teilnehmer eines ihm gewidmeten Gesangswettbewerbes, die in die Endausscheidung gekommen waren. Die Schlichtheit dieses Gerichts hätte gewiß auch dem großen Komponisten gefallen – zumindest hoffe ich das. Es vereinigt regionale Zutaten wie Ente und Parmaschinken auf vollkommene Weise in sich.

Den Backofen auf 215°C (Gasherd Stufe 4) vorheizen.

Die Ente absengen, um sicherzustellen, daß auch kleine Federn und Federkielreste entfernt werden, und ausnehmen. Dann salzen und pfeffern.

Möhren und Zwiebel in kleine Stücke hacken und in einen Bräter geben. Die Ente rundum mit Olivenöl einreiben und daraufsetzen. Das gehackte Schinkenfett auf der Brust der Ente verteilen und den Rosmarinzweig darauflegen. Die Ente mit Alufolie abdecken und in den Backofen schieben. Nach 1 Stunde die Folie entfernen und die Ente weitere 15 Minuten braten, damit sie knusprig wird.

Die Ente tranchieren und, falls gewünscht, mit dem Gemüse servieren. Öl und Fett jedoch im Bräter lassen. Dazu *peperoni al balsamico* (siehe Seite 181) reichen.

BRASATO AL NEBBIOLO
Schmorbraten in Rotwein

Für 4 Personen:
2 mittelgroße Zwiebeln
2 Möhren
3 Stangen Staudensellerie
1 kg Rindfleisch aus der Oberschale, flach geschnitten
2 Zweige Rosmarin
Salz und Pfeffer
100 g Butter
5 EL Olivenöl
5 Salbeiblätter
2 Knoblauchzehen, gehackt
1 l Nebbiolo-Wein
½ l Brühe

Die Nebbiolo-Traube ist zugleich Vater und Mutter des Barolo und dient auch zur Herstellung vieler anderer Weine Piemonts wie etwa des Carema. Für dieses Rezept wird am besten piemontesisches Rindfleisch verwendet, das selbst nach zwei Stunden Garzeit noch zart und saftig ist. Der Alkohol verflüchtigt sich weitgehend während des Garens. Glauben Sie daher nicht, daß dieses kräftige, aber sehr schmackhafte Gericht Sie betrunken macht!

Zwiebeln, Möhren und Staudensellerie putzen und in kleine Würfel schneiden. Beiseite stellen.

Mit einem Messer das Fleisch noch ein wenig flacher drücken, damit es sich rollen läßt. Die Rosmarinzweige darauflegen und das aufgerollte Fleisch mit Küchengarn zusammenbinden. Dann rundum salzen und pfeffern.

Butter und Öl in einer großen Pfanne erhitzen. Das Fleisch darin rundherum anbraten, bis es gut gebräunt ist. Die gehackten Gemüse dazugeben und goldbraun braten. Salbeiblätter und gehackten Knoblauch hinzufügen. Wenn das Gemüse Farbe angenommen hat, Wein und Brühe angießen. Das Fleisch zugedeckt 1 Stunde und 45 Minuten köcheln lassen. Mit Sauce und Gemüse in einer Schüssel anrichten und servieren.

Folgende Doppelseite (von links): *Luganiga al vino rosso* (Rezept Seite 128); *Peperoni al balsamico* (Rezept Seite 181); *Anitra alla Verdi* (Rezept Seite 124)

LUGANIGA AL VINO ROSSO

Luganiga in Rotwein

Für 4 Personen:

700 g *luganiga* oder eine andere dünne Schweinswurst

2 EL Olivenöl

3 EL Rotwein

2 Zweige Rosmarin

2 EL Brühe

Dieses Gericht bereitete ich zusammen mit den pizzoccheri *(siehe Seite 68) für die Studenten einer Mailänder Modeschule am Tag ihrer Jahresabschlußprüfungen zu. Es war für sie eine willkommene Abwechslung an diesem schweren Tag. Innerhalb von zehn Minuten hatten sie alles verputzt!* Luganiga *ist eine »Endlos-Wurst« aus Schweinehack, die man in Italien »vom Meter« bekommt. Im Winter wird sie gerne in Tomatensauce mit Polenta serviert.*

Die Wurst zu einer festen Spirale aufwickeln. Einige lange Holzspießchen von der Seite durch die Wurst stecken, so daß sie gedreht werden kann. Die Spirale so groß wie die Bratpfanne machen.

Das Öl in der Pfanne erhitzen und die Wurst bei hoher Temperatur 5 Minuten braten. Dann drehen, die Hitze reduzieren und die Wurst weitere 5 Minuten braten. Den Wein hinzufügen, welcher der Wurst ein herrliches Aroma verleiht, und die Rosmarinzweige zwischen die Ringe schieben. Die Wurst noch 5 bis 6 Minuten garen, bis der Wein verdampft ist. Darauf achten, daß beide Seiten goldbraun sind.

Die Wurst herausnehmen und auf eine vorgewärmte Servierplatte legen. Den Bratansatz in der Pfanne mit der Brühe ablöschen und die Sauce über die Wurst gießen. Mit Mangold (siehe Rezept Seite 177) servieren.

STINCO AL FORNO
Kalbshaxe

Für 10 Personen:

1 Kalbshaxe, ca. 4 kg schwer
5 Zweige Rosmarin
2 Knoblauchzehen, geviertelt
Salz, Pfeffer
1 mittelgroße Zwiebel
350 ml Brühe
4 EL Olivenöl

Es machte mir nichts aus, ganz allein im Restaurant Don Lisander *in Mailand zu sitzen, um dort für meine Sendung beim Essen und Probieren gefilmt zu werden. Trotz der Störungen, die das Filmen mit sich brachte, gelang es mir wie üblich, mein Essen, die Spezialität des Hauses, zu genießen. Mir wurde eine ganze Kalbshaxe vorgesetzt, von der man einige saftige Scheiben abschnitt, und dazu gab es reichlich zartes Gemüse. Es ist eine wundervolle Idee, diese Kalbshaxe für eine große Gesellschaft von mindestens zehn Personen zuzubereiten. Überzeugen Sie sich jedoch vorher davon, daß sich nicht zu viele Vegetarier unter Ihren Gästen befinden. Allerdings könnten sie auch nur die Gemüse – etwa Zucchini, Sellerie, Möhren, Porree und Spinat – essen.*

Den Backofen auf 180°C (Gasherd Stufe 2–3) vorheizen.

Mit einem scharfen Messer die Haut der Kalbshaxe einstechen und mit Rosmarin sowie Knoblauchstücken spicken. Die ganze Haxe salzen und pfeffern.

Die Zwiebel in Ringe schneiden und mit Brühe, Öl und Fleisch in einen Bräter geben. Den Bräter mit Alufolie abdecken und die Haxe im Backofen 1 Stunde und 40 Minuten braten. Nach einer halben Stunde die Folie entfernen. Während des Garens die Haxe immer wieder mit der Flüssigkeit begießen. Wenn das Fleisch gar ist, die Garflüssigkeit durch ein Sieb streichen und, falls gewünscht, die Sauce zu dem Fleisch reichen.

FRITTO MISTO PIEMONTESE

Fleischplatte nach Art des Piemont

FÜR 6 PERSONEN:

jeweils 6 flache Stücke der folgenden Fleischsorten, 6×6 cm groß: Rind, Lamm, Schwein, Huhn, Pute, Kalb
6 kleine Schweinswürste
jeweils 6 Stück Schweineleber, Kalbsleber, Kalbsnieren, Kalbshirn und Kalbsbries, 6×6 cm groß
6 geschälte, entkernte Apfelscheiben
6 Amaretti (Mandelmakrönchen)
6 süße Grießschnitten (nach Belieben)
jeweils 6 Zucchiniblüten, Auberginen- und Zucchinischeiben
5 ganze Eier, verquirlt, nach Geschmack gesalzen
reichlich Semmelbrösel
reichlich Öl zum Braten
Zitronenhälften zum Servieren

Wer Paniertes und Gebratenes mag, dem wird auch die Arbeit nicht zu viel sein, die die Zubereitung dieses Gerichtes erfordert. Ein guter fritto misto *muß aus mindestens 12 Fleischsorten bestehen, die sorgfältig vorbereitet und in letzter Minute gebraten werden, damit sie knusprig und saftig auf den Teller kommen. Aufgrund der vielen Zutaten und der für die Zubereitung erforderlichen Zeit kann man dieses Gericht nicht für zu viele Personen machen. Die ideale Gästezahl ist vier bis sechs. Ganz ohne Zweifel handelt es sich um die piemontesische Spezialität »par excellence«, die aber nur zu Hause oder in einem sehr guten Restaurant wirklich schmeckt. Es steht Ihnen natürlich frei, die Zutaten nach Ihrem Geschmack beliebig zu kombinieren. Nur die Menge pro Person muß stimmen.*
Wenn Sie Grießschnitten verwenden wollen, kochen Sie unter ständigem Rühren einen dicken Grießbrei mit Milch und ein wenig Zucker (75 g Grieß auf 1/2 l Milch). Noch warm auf ein mit Backpapier ausgelegtes Backblech oder eine flache Platte gießen, fest werden lassen und in beliebige viereckige Stücke schneiden.

Nachdem alle Zutaten in der Nähe des Herdes bereitgestellt wurden, eine große Pfanne bei mittlerer Temperatur auf den Herd setzen. Alle Zutaten – auch die süßen – zuerst in die Eimasse, dann in die Semmelbrösel tauchen. Überschuß abschütteln und die Stücke auf beiden Seiten behutsam goldbraun braten. Mit Zitronenhälften und einem Salat unverzüglich servieren.

LENTICCHIE DI CASTELLUCCIO CON SALSICCE

Castelluccio-Linsen mit Wurst

FÜR 4 PERSONEN:

8 Würste (etwa 750 g), entweder aus reinem Schweinefleisch oder mit Wildschwein angereichert

400 g Castelluccio- oder Puy-Linsen

Blätter von 2 Stangen Staudensellerie, gehackt

2 Knoblauchzehen, davon 1 Zehe feingehackt

4 EL Olivenöl extra vergine

1 frische Chilischote, feingehackt

10 sonnengetrocknete Tomaten, halbiert

Salz und Brühe nach Bedarf (es kann ein Brühwürfel verwendet werden)

Die Küche Umbriens ist nach meinem Empfinden nicht nur die authentischste Küche Italiens, sondern auch die von modernen Einflüssen am wenigsten beeinflußte. Für dieses Rezept werden Castelluccio-Linsen verwendet, die viel Eisen enthalten und eine dünne Schale haben, so daß sie nur kurz gegart werden müssen. Sie können ersatzweise aber natürlich auch Puy-Linsen oder grüne Linsen verwenden. Norcia-Schweinswürste werden aus heimischen Schlachttieren hergestellt und sind die besten, die ich je probiert habe. Mitunter gibt man ihnen während der Jagdsaison Wildschweinfleisch zu, welches ihnen einen besonderen Pfiff verleiht.

Die Würste 30 Minuten in Wasser kochen, dann die Haut abziehen. Die Linsen mit Wasser bedecken und zum Kochen bringen. Sellerieblätter und die ganze Knoblauchzehe hinzufügen; die Linsen garen, bis sie weich sind. In einem zweiten Topf das Olivenöl erhitzen, die feingehackte Chilischote und Knoblauchzehe sowie sonnengetrocknete Tomaten 1 Minute darin braten. Die ganze Knoblauchzehe aus den Linsen nehmen und wegwerfen. Dann die Linsen in die Tomaten-Chili-Mischung rühren und die Würste hinzufügen. Die Zutaten bei mittlerer Hitze weitere 10 Minuten garen. Das Gericht darf nicht zu suppenartig, aber auch nicht zu dick sein – falls notwendig, noch etwas Brühe hinzufügen. Nach Geschmack salzen und mit Brot servieren.

CORATELLA DI AGNELLO
Ragout von Lamminnereien

Für 6 Personen:
- **1 kg Herz, Leber und Lunge vom Lamm**
- **Olivenöl extra vergine zum Braten**
- **2 mittelgroße Zwiebeln, feingehackt**
- **1 frische Chilischote, sehr fein gehackt**
- **1 Flasche trockener Weißwein**
- **1 Zweig Rosmarin oder 2 Lorbeerblätter oder 5-6 Blätter Salbei (nicht zusammen verwenden)**
- **Salz nach Geschmack**
- **1 reife Tomate, entkernt und gewürfelt (nach Belieben)**

Da die padroni *stets die besseren Teile von Schlachttieren aßen, wurden die Innereien gewöhnlich den Armen überlassen. Heute hat sich das geändert. Herz, Leber und Lunge vom Lamm sind mittlerweile eine Delikatesse, die teuer bezahlt werden muß. Diese Spezialität wird mit einigen Abweichungen auch im Süden Italiens zubereitet; das vorliegende Rezept stammt jedoch aus Umbrien. Es handelt sich um ein sehr feines und schmackhaftes Gericht.*

Die Innereien von Fett befreien und säubern. In sehr kleine Stücke schneiden. Etwas Öl in einer Pfanne erhitzen und die Zwiebel mit der Chilischote und dem verwendeten Kraut braten. Wenn sie goldbraun ist, die Innereien hinzufügen und gelegentlich durchrühren. Sobald sie beginnen, braun zu werden, etwas Wein und, falls verwendet, die Tomate hinzufügen. Alles etwa 30 Minuten garen, bis die Innereien weich und zart sind, nötigenfalls noch Wein hinzufügen.

Mit Brot, Reis, Polenta oder als Sauce zu Pasta servieren.

PEARÀ
Pfeffersauce

Für 4 Personen:
100 g Knochenmark (mit Knochen)
100 g Semmelbrösel
750 ml Hühnerbrühe (auch Instant)
1 TL frisch gemahlener schwarzer Pfeffer
Salz nach Geschmack

Weil diese wundervoll einfache Sauce typisch für Verona ist, behaupten die Veroneser, daß Romeo dieses Gericht liebte. Das vorliegende Rezept stammt von Giorgio Gioco aus dem berühmten Restaurant I Dodici Apostoli *in Verona. Wer ihn kennt, weiß, daß es sich hierbei um das echte Rezept handelt. Ich kochte es in meiner Küche nach und konnte nicht aufhören, davon zu essen, einfach so oder mit* cotechino, *einer Wurstart, die aus Schweinefleisch hergestellt wird und auch abgekühlt noch saftig bleibt, ohne fettig zu sein. Man bekommt sie vorgegart in guten italienischen Lebensmittelgeschäften. Die Semmelbrösel sollten am besten von Hartweizenbrot aus Apulien stammen, man kann jedoch auch normale geröstete Semmelbrösel verwenden.*

Den Backofen auf 240°C (Gasherd Stufe 5–6) vorheizen.

Den ganzen Knochen für 20 Minuten in den Backofen legen, dann vorsichtig das Mark aus der Mitte lösen.

In einem großen Topf das Knochenmark mit den Semmelbröseln vermischen und bei mittlerer Hitze rühren. Nach und nach die Brühe zugießen, dabei ständig rühren, damit keine Klumpen entstehen. Wenn die gesamte Brühe aufgebraucht ist, etwas Salz und den Pfeffer sorgfältig unterrühren. Den Topf von der Kochstelle nehmen und für 2 Stunden ins warme Wasserbad setzen. Die Sauce sollte geschmeidig und nicht zu flüssig sein, ähnlich wie Brotsauce.

Mit gekochtem Fleisch, etwa vom Huhn, *cotechino* oder Zunge servieren.

SECOND
Hauptgerichte

I–PESCE
– Fisch

Da Italien, fast wie eine Insel, weitgehend von Wasser umgeben ist und überdies im Norden viele Seen und Flüsse besitzt, gibt es nicht nur ein reiches Angebot an Fischen – sie sind auch sehr beliebt. Aus religiösen Gründen ißt fast jeder Italiener wenigstens einmal pro Woche – am Freitag – Fisch. Zudem ist Fisch gesund, und so besteht eine große Nachfrage, was natürlich die Preise in die Höhe treibt. Die Überfischung und Verschmutzung des Mittelmeeres haben dazu geführt, daß das Angebot den Bedarf bei weitem nicht mehr deckt.

Viele Fischprodukte kommen aus anderen Teilen der Welt und sind leider tiefgefroren. Ich sage leider, weil tiefgefrorener Fisch niemals so schmeckt wie frisch gefangener. Allerdings ist das Alter von sogenanntem »frisch gefangenen« Fisch mitunter zweifelhaft, und möglicherweise fährt man manchmal besser, tiefgefrorenen Fisch zu verwenden, sofern dieser »seegefrostet« ist. Italienische Restaurants sind gesetzlich dazu verpflichtet, auf der Speisekarte anzugeben, ob Fisch frisch ist oder tiefgefroren war, was natürlich einen Unterschied im Preis bedeutet.

Die Italiener verzehren die gesamte Palette von Anchovis bis Thunfisch, von gesalzenem und getrocknetem Barbenrogen bis zu *mosciame* (luftgetrocknetes Thunfischfilet), von getrocknetem *stoccafisso* bis zu *baccalà* und selbst Hering in Öl. Sie tun dies auf tausend verschiedene Weisen und erfinden dabei, abhängig von regionalen Sitten, die unglaublichsten Spezialitäten. Man denke nur an die schreckliche Kombination einer sizilianischen Orange und Salzheringssalat, die bei aller Liebe eine echte Herausforderung für den Gaumen ist, aber darüber ein andermal! Ein delikater *fritto misto di pesce* aus Ligurien ist dagegen ein wunderbares Fischgericht und ebenso das Filet von Felchen, die frisch im Lago Maggiore gefangen wurden.

In den Bergen fernab der Küste, wohin Fisch nicht so rasch und frisch gelangt, gibt es unzählige Zubereitungsmethoden für getrockneten oder eingesalzenen Fisch wie *baccalà* oder *stoccafisso*. Selbst in diesen abgelegenen Gegenden möchte man nicht auf Fisch verzichten, was vermutlich auch religiöse Gründe hat. In dem ligurischen Dorf Badalucco feiert man sogar jedes Jahr ein Fest für den *stoccafisso* (getrockneter Kabeljau), der allerdings aus Norwegen eingeführt wird. Dort lebt auch Olga Panizzi, die »Königin des Stoccafisso«, die aus ihm ein wunder-

Vorhergehende Doppelseite: *Trota in cartoccio* (Rezept Seite 150)

bares Gericht zubereitet, das sie berühmt machte. Die wichtigsten Zutaten sind heimisches Olivenöl und Steinpilze, die in der Gegend gesammelt und dann getrocknet werden.

Durch die einzigartige Vielfalt der Fänge in der Adria kann man von Grado bis Chioggia südlich von Venedig seltene Fischspezialitäten genießen. Die kleinen Tintenfische haben ein wenig sogenannte Milch (es handelt sich dabei um ihren Samen), die gekocht und mit Zitronensaft beträufelt zu einer unvergleichlichen Delikatesse wird. Solche Spezialitäten findet man am ehesten im Restaurant *La Madonna* nahe der Rialtobrücke, das selbst unter Venezianern hochgeschätzt ist. Und das ist immer das beste Zeichen! Ich wünsche mir manchmal, ebenfalls täglich mit solchen Zutaten beliefert zu werden, um dergleichen Spezialitäten in meinem Londoner Restaurant zubereiten zu können, aber ich muß mich mit größeren Fischen des Nordens begnügen.

BRANZINO ALLE ERBE
Seebarsch mit Kräutern

FÜR 4 PERSONEN:

1 Seebarsch (1,75 kg schwer), gesäubert, geschuppt, ausgenommen und Flossen entfernt
2 Zweige frischer Thymian
1 EL feingehackte frische Minze
2 Stengel frische glattblättrige Petersilie, feingehackt
1 EL feingehackte frische Fenchelblätter (nach Belieben)
20 Blätter frisches Basilikum, feingehackt
1 Bund frischer Schnittlauch, feingehackt
1 EL Schnittsellerieblätter, feingehackt
1 unbehandelte Zitrone, in sieben Scheiben geschnitten
Saft von 1/2 Zitrone
Meersalz
frisch gemahlener schwarzer Pfeffer
6 EL Olivenöl extra vergine
Alufolie

Die Italiener ziehen Seebarsch jedem anderen Fisch vor. Sein italienischer Name lautet spigola *oder* branzino. *Er ist einer der schönsten Fische und hat weißes, festes Fleisch, das phantastisch nach Meer schmeckt. Wenn Sie dieses Gericht zubereiten und vor den Augen Ihrer Gäste die Folie öffnen, entströmt ihr ein wundervoller Duft, der nicht von Kräutern überlagert wird, sofern Sie sich an die angegebenen Zutaten halten.*

Zu dem Fisch werden gekochte neue Kartoffeln und in etwas Butter geschwenkte grüne Bohnen gereicht. Denken Sie daran, Garflüssigkeit und Kräuter aufzufangen und über den Fisch zu geben.

Achten Sie beim Kauf darauf, daß der Seebarsch ganz frisch ist. Sie erkennen das an klaren Augen und roten Kiemen. Auf keinen Fall sollten Sie tiefgefrorenen Fisch für dieses Gericht verwenden. Falls Sie keinen Seebarsch bekommen, können Sie einen absolut frischen Fisch Ihrer Wahl kaufen.

Den Backofen auf 200°C (Gasherd Stufe 3–4) vorheizen.

Den gewaschenen Seebarsch mit Küchenpapier sorgfältig trockentupfen. Ein großes Stück Alufolie in eine ofenfeste Form legen. Die Zitronenscheiben darauf verteilen. Den Fisch innen salzen und pfeffern, die Thymianzweige hineingeben. Mit den Fingern 4 EL Öl in die Haut reiben, dann salzen und pfeffern. Den Fisch auf die Zitronenscheiben legen.

Minze, Petersilie, Fenchelblätter, Basilikum, Schnittlauch und Sellerie vermischen. Die Hälfte der Kräuter in den Fisch streuen. Die Folie über dem Fisch zusammennehmen und gut verschließen. Die Seiten sorgfältig einschlagen. Den Fisch für 30 Minuten in den Backofen schieben. Dann herausnehmen und die Folie behutsam öffnen. Die restlichen Kräuter mit dem Zitronensaft und den verbliebenen 2 EL Öl vermischen und über den Fisch geben.

Die Folie um den Fisch zusammennehmen, um ihn vor der starken Hitze im Backofen zu schützen, sie jedoch nicht mehr schließen. Den Fisch noch einmal 5 Minuten garen. Um eine Garprobe zu machen, das Fleisch an der Rückengräte einstechen.

Zum Servieren den Fisch entlang der Mittelgräte einschneiden, das Filet ganz abheben und halbieren. Den Fisch umdrehen und das zweite Filet ablösen. Mit Kräutern und Zitronensaft beträufelt servieren.

ROMBO CON CHIODINI E ORECCHIE DI JUDA

Steinbutt mit Hallimasch und Judasohren

Für 4 Personen:

5 getrocknete Steinpilze, 30 Minuten in 150 ml lauwarmem Wasser eingeweicht
2 EL Olivenöl extra vergine
1 Knoblauchzehe, zerdrückt
200 g Judasohren
1 EL feingehackte frische glattblättrige Petersilie
100 g Hallimasch (frische Pilze zunächst 10 Minuten in Salzwasser kochen!)
Meersalz
frisch gemahlener schwarzer Pfeffer
4 Steinbuttfilets, jeweils 175 g schwer

Dieses Gericht setzte ich schon vor Jahren in meinem Restaurant auf die Speisekarte, und es gehört noch immer zu den Rennern. Natürlich darf man dafür nur die besten und frischesten Zutaten verwenden. Großartig ist das Ergebnis auch, wenn man das Gericht mit Totentrompeten und Maronenröhrlingen zubereitet. Falls Sie diese Pilze nicht bekommen, verwenden Sie Shiitake- oder Austernpilze.

Judasohren finden Sie getrocknet in asiatischen Lebensmittelgeschäften, wo sie manchmal black fungus *heißen. Vorsicht beim Garen der eingeweichten Pilze, in Fett können sie regelrecht explodieren! Statt Steinbutt kann auch Heilbutt oder Seeteufel verwendet werden.*

Eingeweichte Pilze ausdrücken, das Einweichwasser aufbewahren. Abgetropfte Hallimasch in der Hälfte des Öls kurz sautieren.

Die Judasohren mit dem Knoblauch sanft in Öl braten, bis sie zu knistern beginnen. Von der Kochstelle nehmen und Petersilie und Hallimasch hineinrühren. Die ausgedrückten Steinpilze hacken und zusammen mit dem durchgesiebten Einweichwasser in die Pfanne geben. Salz und Pfeffer nach Geschmack hinzufügen.

In der Zwischenzeit in einer zweiten Pfanne die Fischfilets auf beiden Seiten in heißem Olivenöl braten. Den Inhalt der anderen Pfanne hinzufügen. Die Zutaten noch einmal 2 Minuten braten, dann servieren.

INSALATA DI BACCALA
Klippfischsalat

FÜR 4 PERSONEN:

450 g Klippfisch
4 EL Olivenöl extra vergine
Saft von 1 Zitrone
1 Knoblauchzehe, in dicke Scheiben geschnitten
2 EL feingehackte frische glattblättrige Petersilie
8 schwarze Oliven, entsteint
1 EL Kapern
frisch gemahlener schwarzer Pfeffer oder Cayennepfeffer nach Geschmack

Klippfisch (auch Stockfisch) war früher der Fisch der Armen, heute halten ihn manche Leute für recht teuer, doch er ist immer noch preiswerter als einige der selteneren frischen Fische. Er ist ungemein vielseitig und wird in den verschiedenen Regionen Italiens auf Hunderte von Arten zubereitet. Dort kann man ihn bereits gewässert kaufen, was natürlich Arbeit spart. In anderen Ländern findet man ihn in guten italienischen Lebensmittelgeschäften; aber auch die Spanier und Portugiesen schätzen ihn sehr.

Den Klippfisch in Stücke schneiden und diese mit der Hautseite nach unten 24 Stunden wässern, dabei das Wasser alle 6 Stunden erneuern. In einem Topf mit aufgelegtem Deckel frisches Wasser zum Kochen bringen. Den Klippfisch hineinlegen und 1 Stunde leise köcheln lassen, bis er gar ist. Nach dem Abtropfen und Abkühlen Gräten und Haut entfernen und das Fleisch mit den Fingern zerblättern. In eine Servierschüssel geben und sorgfältig mit Öl, Zitronensaft, Knoblauch, Petersilie, Oliven und Kapern vermischen. Salz ist nicht erforderlich, da der Klippfisch trotz Wässerns und Garens noch etwas salzig ist. Ein wenig frisch gemahlener Pfeffer ist das Tüpfelchen auf dem i, obwohl ich ein wenig Cayennepfeffer bevorzuge.

Folgende Doppelseite (von links): *Rombo con chiodini e orecchie di Juda* (Rezept Seite 140); *Fritto misto di Burano* (Rezept Seite 146)

CALAMARI RIPIENI CON RISOTTO AL PESTO

Gefüllte Kalmare mit Pesto-Risotto

FÜR 4 PERSONEN:

165 g frisches Weißbrot
150 ml Milch
1 Ei
165 g gegarter und ausgedrückter Spinat
1 EL gehackter frischer Dill
1 EL Pinienkerne
abgeriebene Schale von ½ unbehandelten Zitrone
1 EL frisch geriebener Parmesan
20 küchenfertige kleine Kalmare (etwa 500 g)
Meersalz
5 EL Olivenöl
1 kleine Knoblauchzehe, sehr fein gehackt
½ gehackte frische rote Chilischote, nach Geschmack auch mehr
Saft von ½ Zitrone
Saft von 2 Orangen

Kalmare sind zehnarmige Kopffüßer, die bis 2 Meter groß werden. Sie sind ein klassisches Nahrungsmittel des Mittelmeerraumes, aber auf der ganzen Welt erhältlich. Für dieses Rezept verwendet man kleinere Exemplare von ca. 15 cm Länge.

Um einen Kalmar küchenfertig zu machen, muß man die Arme vom Körper abtrennen, den Körper ausnehmen und gründlich säubern. Die lila Haut abziehen. Die Füllung können Sie beliebig zubereiten, ich habe jedoch festgestellt, daß sie besonders schmackhaft ist, wenn man die gehackten Arme sautiert und dann der Füllung hinzufügt.

Dieses Gericht kann warm oder kalt gegessen werden, und die kleinen Kalmare sehen so aus, als wollten sie vom Teller geradewegs in den Mund springen.

Den Backofen auf 240°C (Gasherd Stufe 5–6) vorheizen.

Das Brot in der Milch einweichen, ausdrücken und mit dem Ei vermischen. Spinat, Dill, Pinienkerne, abgeriebene Zitronenschale und Parmesan hinzufügen.

Die Kalmare wie einleitend beschrieben vorbereiten. Die Arme grob hacken. Knoblauch und Chilischote 30 Sekunden in 1 EL Öl braten. Die gehackten Arme hinzufügen und bei starker Hitze 1 Minute braten. Etwas abkühlen lassen und unter die Füllung mischen. Nach Geschmack salzen.

Mit einer Spritztüte die Kalmarkörper halb füllen und sie mit Holzspießen zusammenstecken. Die Füllung dehnt sich während des Garens aus.

In einer ofenfesten Form 4 EL Öl erhitzen und die Kalmare etwa 5 Minuten auf beiden Seiten braten. Zitronen- und Orangensaft hinzufügen und die Form für 10 Minuten in den Backofen schieben.

Für den Pesto-Risotto:

1 kleine Zwiebel

2 EL Olivenöl

200 g Risottoreis (Arborio, Vialone nano oder Carnaroli)

$^3/_4$ l Hühnerbrühe (auch Instant)

2 EL Pesto-Sauce (siehe Seite 64)

In der Zwischenzeit die feingehackte Zwiebel im Öl weich dünsten, den Reis zufügen und eine Minute unter Rühren braten, so daß jedes Körnchen von Öl überzogen ist. Die heiße Brühe kellenweise zufügen, bis der Reis jeweils die Flüssigkeit aufgenommen und eine cremige Konsistenz bekommen hat. Ganz zum Schluß die Pesto-Sauce unterrühren.

Pro Person 5 gefüllte Kalmare auf Teller verteilen und etwas Sauce darüberträufeln. Mit je einer Portion Pesto-Risotto servieren.

FRITTO MISTO DI BURANO
Gebratene Fische nach der Art von Burano

FÜR 4 PERSONEN:

400 g küchenfertiger frischer Aal, in Stücke geschnitten
8 große Mittelmeergarnelen, geschält, aber Kopf und Schwanz intakt gelassen
150 g küchenfertiger Kalmar oder Tintenfisch mit Armen
Mehl zum Wenden
Olivenöl zum Fritieren
Salz
2 Zitronen

Auf der kleinen und sehr hübschen Insel Burano bei Venedig, dem einstigen Zentrum von Italiens Spitzenindustrie, ist die Gondelregatta ein wichtiges Ereignis, an dem das ganze Dorf (etwa 800 Menschen) teilnimmt. Während die Jungen sich im Wettkampf messen, bereiten die übrigen Einwohner den köstlichsten fritto misto di pesce *zu, der an Tausende von Menschen verkauft wird, die aus allen Ecken der Welt angereist kommen. Alle Küstenregionen Italiens haben ihren eigenen* fritto misto di pesce, *doch nur wenige besitzen eine Lagune, in der so wunderbarer Fisch gefangen wird.*

Das Öl in der Friteuse auf 190°C erhitzen.

Fische und Meeresfrüchte salzen und dann einzeln im Mehl wenden, dabei darauf achten, daß sie vollkommen überzogen sind. Überschüssiges Mehl abschütteln. Den Aal 2 bis 3 Minuten fritieren, dann Kalmar oder Tintenfisch hinzufügen und weitere 2 Minuten braten. Zum Schluß die Garnelen dazugeben und 1 bis 2 Minuten fritieren. Alle Zutaten sollten goldbraun sein. Auf Küchenpapier abtropfen lassen und mit Zitronenhälften auf vorgewärmten Tellern anrichten.

Auf Burano serviert man das Gericht in altmodischem Pergamentpapier, was ich sehr lustig finde.

Teilnehmer an der Gondelregatta in Burano.

MOLLUSCHI GRATINATI
Gratinierte Muscheln

Für 4 Personen:
8 kleine Kammuscheln
4 Austern (nach Belieben)
24 große Miesmuscheln
8 Scheidenmuscheln (Messermuscheln)
8 Venusmuscheln
8 EL Olivenöl extra vergine, mit einer zerdrückten und sehr fein gehackten Knoblauchzehe vermischt
4 EL feine Semmelbrösel
2 EL feingehackte frische glattblättrige Petersilie
Meersalz
frisch gemahlener schwarzer Pfeffer
Zitronenspalten

Frutti di mare – *Meeresfrüchte – sind im gesamten Mittelmeerraum sehr geschätzt, und frisch gefangen kann man sie mit etwas Zitronensaft einfach roh essen. Jeder Ferienort in Italien hat eigene Spezialitäten aus Meeresfrüchten, die roh, gebacken oder gegrillt serviert werden.*

Eine der köstlichsten Möglichkeiten, Meeresfrüchte zu essen, bietet das nachfolgende Rezept, nach dem sie einfach mit etwas gutem Olivenöl, Petersilie, Knoblauch, Semmelbröseln und etwas Salz zubereitet werden. Man kann dafür alle Arten von Muscheln verwenden, einschließlich Scheiden- oder Jakobsmuscheln.

Den Backofen auf 240°C (Gasherd Stufe 5–6) vorheizen.

Zunächst die Muscheln vorbereiten. Kammuscheln und Austern vorsichtig aus der Schale nehmen, bei den Kammuscheln Corail (Rogen) und weißes Fleisch trennen. Miesmuscheln, Scheidenmuscheln und Venusmuscheln in einen Topf geben und mit aufgelegtem Deckel bei starker Hitze 1 bis 2 Minuten garen, bis sich die Schalen öffnen. Ungeöffnete Muscheln wegwerfen. Bei jeder Muschel die obere Schalenhälfte entfernen.

Die Muscheln in eine ofenfeste Form setzen. Mit Semmelbröseln, Petersilie, Salz und Pfeffer bestreuen und das Knoblauchöl darübergießen. Für 10 bis 15 Minuten in den Backofen schieben, bis sie gebräunt sind. Heiß servieren, sie schmecken aber auch kalt köstlich.

BRODETTO DI PESCE
Fischsuppe

Für 4 Personen:
36 große Miesmuscheln, fest geschlossen
8 rohe große Garnelen
200 g Seeteufel
8 EL Olivenöl extra vergine
½ Knoblauchzehe, zerdrückt
⅓ gehackte frische rote Chilischote, nach Geschmack auch mehr
100 g Frühlingsfenchel oder Fenchelgrün
1 große Tomate, grobgehackt
750 ml Fischfond
8 Anchovisfilets
Schale von 1 unbehandelten Zitrone
Meersalz
frisch gemahlener schwarzer Pfeffer

Brodetto *ist die Verkleinerungsform von* brodo *und bedeutet wörtlich »kleine Brühe«, die gewöhnlich aus Rind oder Huhn hergestellt wird. In diesem Fall ist es jedoch ein Fischfond, und um ihn zuzubereiten, bitten Sie Ihren Fischhändler um schmackhafte Zutaten (siehe Seite 152).*

Sie können hier die gleichen Fische verwenden wie für jede gute Fischsuppe. Lassen Sie sich vom Fischhändler bei der Auswahl beraten, denn es kommt darauf an, was er im Angebot hat. Großartig schmeckt die Suppe mit Croûtons aus Knoblauchbrot, das fettunta *genannt wird. Dafür werden Brotscheiben geröstet, mit einer Knoblauchzehe eingerieben und anschließend mit etwas nativem Olivenöl bestrichen.*

Die Muscheln unter fließendem kaltem Wasser bürsten und mit einem kleinen scharfen Messer den Bart entfernen. Die Muscheln in kaltem Wasser waschen, dabei das Wasser mehrmals wechseln, bis es sauber bleibt. Die Garnelen schälen. Den Seeteufel nach Entfernen der Haut in 5 cm große Stücke schneiden.

Das Öl in einer Pfanne erhitzen und Knoblauch und Chilischote darin 15 Sekunden braten. Fenchel und Tomate hinzufügen und 2 Minuten garen, dann Fond, Zitronenschale sowie Fisch und Schalentiere dazugeben. Die Zutaten 10 Minuten köcheln lassen, bis sich die Muscheln geöffnet haben. Ungeöffnete Muscheln wegwerfen. Abschmecken und servieren.

TROTA IN CARTOCCIO
Forelle in einer Hülle

Für 4 Personen:
4 Forellen (jede etwa 300 g schwer)
200 g Fenchel
1–2 Zitronen
4 Stengel Petersilie
60 g Butter
Salz und frisch gemahlener schwarzer Pfeffer

Schon bei den Römern war es Sitte, Fisch oder Geflügel zum Garen in ein Blatt, Ton oder Salz zu packen. Diese Methode bewirkt, daß sich Flüssigkeit in der Hülle sammelt, welche die Mahlzeit in der feuchten Hitze sanfter gart und schmackhafter werden läßt. Heute verwendet man Butterbrotpapier oder Alufolie; man darf jedoch das Paket nicht zu fest schließen, damit der Fisch keinen Kontakt zu Folie oder Papier hat, weil sonst die Haut daran hängenbleibt. Am schönsten ist es, wenn man das Paket vor den Augen seiner Gäste öffnet, damit sie den wundervollen Duft genießen können. Der branzino alle erbe *(siehe Seite 138) wird auf ähnliche Weise zubereitet.*

Den Backofen auf 200°C (Gasherd Stufe 3–4) vorheizen.

Die Forellen säubern, ausnehmen und schuppen, sofern dies nicht schon Ihr Händler übernommen hat. Den Fenchel fein hacken und die Zitrone in sehr dünne Scheiben schneiden.

Auf jedem Stück Butterbrotpapier gehackten Fenchel und einige Zitronenscheiben verteilen. Die Fische innen und außen salzen, pfeffern und auf den Fenchel legen. Zwei oder drei Zitronenscheiben sowie einen Stengel Petersilie in jeden Fisch stecken. Die restlichen Zitronenscheiben sowie Butterflöckchen auf die Fische geben.

Das Papier zu einem Päckchen schließen. Das Päckchen auf ein Backblech legen und die Fische 20 Minuten garen. Auf einer langen Platte servieren und die Päckchen vor den Augen der Gäste öffnen.

LAVARELLI IN TEGLIA
Felchenfilets aus dem Backofen

FÜR 4 PERSONEN:

4 Felchenfilets, jeweils etwa 300 g schwer
Mehl zum Wenden
120 g Butter
einige Salbeiblätter für jedes Filet
Salz und Pfeffer

Dies ist eine feine, schmackhafte Methode, Süßwasserfische zu garen, die sonst nicht so aromareich sind wie Meeresfische. Felchen werden im Lago Maggiore gefangen. Natürlich kann man auch die Filets anderer Fische mit weißem, zartem Fleisch auf diese Weise zubereiten.

Den Backofen auf 200°C (Gasherd Stufe 2–4) vorheizen.

Falls ganze Fische verwendet werden, diese säubern und filetieren, dabei darauf achten, daß alle Gräten entfernt werden; am besten die Fische vom Fischhändler filetieren lassen. Die Filets im Mehl wenden und in eine ofenfeste Form legen, dann salzen und pfeffern. In der Zwischenzeit Butter und Salbeiblätter in eine Pfanne geben und erhitzen, bis die Butter schäumt. Über die Filets gießen und diese für 7 Minuten in den Backofen schieben.

ZUPPA DI PESCE DI SAN GIOVANNI
Fischsuppe San Giovanni

FÜR 6 PERSONEN:
Für den Fischfond:
Fischköpfe und Gräten
Grün von 2 Fenchelknollen
2,5 l Wasser
Salz
6 EL Olivenöl
1 kleine Zwiebel, feingehackt
1 kleine rote Chilischote
4 EL passierte Tomaten
je 350 g Seeteufel und Heringskönig (Petersfisch)
300 g Streifenbarbe
100 g Krake
je 100 g Kalmar und Tintenfisch
12 Venusmuscheln
12 Miesmuscheln
100 g große Garnelen
6 Kammuscheln
2 EL frische Petersilie, grobgehackt
Salz und frisch gemahlener schwarzer Pfeffer nach Geschmack

Im Restaurant San Giovanni in Casarza probierte ich diese ligurische Spezialität. Pinuccia, der gute Geist der dortigen Küche – eine ehemalige Fischhändlerin –, weiß, wie wichtig absolute Frische für eine gute Fischsuppe ist. Diese Suppe wird dort in der Gegend cacciucco *genannt. Um dieses Gericht zuzubereiten, braucht man guten, schmackhaften Fisch.*

Zur Zubereitung des Fischfonds Fischköpfe und Gräten mit Fenchel und Wasser in einen großen Topf geben. Zum Kochen bringen und 30 Minuten köcheln lassen. Den reduzierten Fond salzen und absieben.

Das Öl in einem großen Topf erhitzen, dann Zwiebel und Chilischote hinzufügen und einige Minuten braten. Die passierten Tomaten dazugeben. Seeteufel, Heringskönig, Streifenbarbe, Krake, Kalmar und Tintenfisch jeweils säubern, wo nötig filetieren und in ca. 2,5 cm große Stücke schneiden. Beim Kraken die Fangarme entfernen. Mit 1 l Fischfond in den Topf geben und alles 10 Minuten köcheln lassen. Dann Venusmuscheln, Miesmuscheln, Garnelen und die aus der Schale gelösten Kammuscheln dazugeben und 5 bis 6 Minuten garen. Petersilie hinzufügen und die Suppe salzen und pfeffern.

Beim Verteilen der Suppe darauf achten, daß jeder von allem etwas bekommt!

Falls eine etwas dickere Konsistenz gewünscht wird, gibt man während des Garens eine geraffelte Kartoffel dazu.

TRIGLIE INCAZZATE
Zornige Streifenbarben

Für 4 Personen:

75 g Butter

1 EL Salbei, feingehackt

1 EL Rosmarin, feingehackt

1 EL Petersilie, feingehackt

1 EL grobgehackte frische Chilischote

4 Streifenbarben, jeweils 250 g schwer, geschuppt und filetiert

1 Glas Rotwein

Salz

1 Zweig Rosmarin zum Garnieren

Da das Verb incazzare *gerade erst offiziell in die italienische Sprache eingegangen ist, möchte ich es hier benutzen, um dieses Gericht zu beschreiben, das das letzte war, welches ich für den Fotografen zubereitete, der die Aufnahmen für dieses Buch machte.* Incazzato *ist, in diesem Zusammenhang gebraucht, eine Steigerung von* arrabbiato, *was »zornig« oder »wütend« bedeutet und sich auf die Verwendung der scharfen Chilischote bezieht. Obwohl ich die Gerichte dieses Buches alle sehr gern gekocht habe, entstand das letzte in einer Stimmung, die das Wort* incazzato *sehr gut beschreibt. Aber ich bin sicher, es wird Ihnen schmecken!*

Die Butter in einer Pfanne erhitzen. Kräuter und Chilischote darin eine halbe Minute unter Rühren anbraten. Die Fischfilets dazugeben und auf jeder Seite 1 bis 2 Minuten braten. Dann herausnehmen und den Bratansatz mit dem Wein ablöschen. Salz nach Geschmack hinzufügen. Den Fisch wieder in die Sauce legen, kurz erhitzen und mit einem Zweig Rosmarin garniert servieren.

Folgende Doppelseite (von links):

Triglie incazzate (oben); *Zuppa di pesce di San Giovanni* (Rezept Seite 152)

STOCCAFISSO BADALUCCHESE
Stockfisch nach der Art von Badalucco

Für 6 Personen:

1 ganzer Stockfisch, mit einer Säge in Stücke zerteilt und vier Tage gewässert (das Wasser täglich erneuern)
reichlich ligurisches Olivenöl extra vergine (auch ein Produkt Badaluccos)
4 Knoblauchzehen
10 Anchovisfilets
20 g Pinienkerne
20 g getrocknete Steinpilze, eingeweicht, das Einweichwasser aufbewahrt
2 EL Petersilie
2 EL Tomatenmark
1 Zweig frischer Majoran
2 Schöpfkellen Hühnerbrühe (etwa 300 ml)

Wer hätte gedacht, daß in dem Dorf Badalucco in den lieblichen ligurischen Bergen nahe Taggia nicht weit von San Remo jedes Jahr das stoccafisso-*Fest gefeiert wird, zu dem Menschen von weither kommen? Anläßlich dieses Festes werden von den norwegischen Lofoten, dem größten Erzeuger von Stockfisch, jedes Jahr 500 kg dieses Fisches als Geschenk nach Badalucco gesandt. Das italienische Wort* stoccafisso *leitet sich von dem deutschen Begriff Stockfisch – ein Fisch so hart wie ein Stock – ab, und hierbei handelt es sich um getrockneten Kabeljau. Zum Teil wird er mit Salz konserviert und heißt dann Klippfisch oder – im Italienischen –* baccalà, *zum Teil wird er einfach getrocknet. Früher war er eine Speise der Armen, die sich keinen frischen Fisch leisten konnten. Doch ihr Erfindungsreichtum hat ihn zu einer sehr begehrten Speise für jedermann werden lassen. Heute wird dieser Fisch als Delikatesse betrachtet.*

Den Fisch nach dem Wässern in frischem Wasser 45 Minuten garen. In der Zwischenzeit in aller Ruhe das Öl in eine große Pfanne gießen und Knoblauch, Anchovis, Pinienkerne, Steinpilze (mit durchgesiebtem Einweichwasser), Majoran und Tomatenmark sanft etwa 1 Stunde bei sehr schwacher Hitze leise köcheln lassen. Es soll eine dicke, schmackhafte Sauce entstehen. Den Fisch abtropfen lassen und die Gräten herausnehmen. Die Gräten auf dem Boden eines großen Topfes verteilen und darauf abwechselnd Fisch und Sauce einschichten. Die Gräten geben zusätzliches Aroma. Den Topfinhalt mit der Brühe 40 Minuten garen. Den Fisch mit Petersilie bestreut servieren, dazu Polenta, Salzkartoffeln oder Brot reichen und zum Nachspülen reichlich Rotwein.

CODA DI ROSPO ALLA CONTE CARLO
Seeteufel Conte Carlo

Für 6 Personen:

2 kg festkochende Kartoffeln, geschält und in dünne Scheiben geschnitten
20 Salbeiblätter
reichlich Olivenöl extra vergine
1,5 kg Seeteufel, in flache Filets geschnitten
100 g frisch geriebener Parmesan
Salz und frisch gemahlener Pfeffer nach Geschmack

Einen kochenden Grafen trifft man nicht alle Tage, doch Conte Carlo Maria Rocca aus Venedig ist einer der charmantesten Köche, denen ich jemals begegnet bin. Es war eine wahre Freude, mit ihm auf dem Rialto-Markt einkaufen zu gehen, wo er gut bekannt ist und mit großem Talent die besten Zutaten heraussuchte. Nach einer ombra, *einem Glas Wein, in einem* bàcaro, *einer typisch venezianischen Weinbar, genoß ich echtes venezianisches Essen. Der Graf ist ein großartiger Unterhalter, und er hat auch dieses einfache, köstliche Gericht erfunden. Der Seeteufel kann durch Heringskönig (Petersfisch), Steinbutt oder Heilbutt ersetzt werden, solange der Fisch grätenfrei ist.*

Den Backofen auf 200°C (Gasherd Stufe 3–4) vorheizen.

Die Hälfte von Kartoffelscheiben und Salbei in eine ofenfeste Form schichten. Mit etwas Olivenöl beträufeln, dann die Fischfilets darauf verteilen und die Hälfte des Parmesans darüberstreuen. Mit den restlichen Kartoffeln bedecken, verbliebene Salbeiblätter und Parmesan sowie Salz und Pfeffer dazugeben und das Öl darüberträufeln. Die Form für 25–30 Minuten in den Backofen schieben.

VEGETALI
Gemüse und

E CONTORNI
Beilagen

Es macht mir große Freude, Ihnen über meine Leidenschaft für die italienische Küche zu berichten, vor allem aber über das wunderbare Angebot an Gemüse, das in Italien erzeugt und zubereitet wird. Schon der Bauer hegt und pflegt seine Erzeugnisse, als seien sie alle für den eigenen Verzehr bestimmt.

Wenn man auf dem Markt einkaufen geht, kann man im allgemeinen davon ausgehen, daß die Verkäufer keine Produkte anbieten, die nicht makellos und von bester Qualität sind. Wenn ich auf einen Markt gehe – und die meisten Italiener kaufen auf Märkten ein –, sehe ich mich zunächst einmal nach den besten Angeboten um und kaufe dann nur das, was ich wirklich will. Niemals würde ich alles, was ich brauche, am selben Stand kaufen, wenn mir die Qualität nicht zusagt. Ansonsten wäre es nicht möglich, wirklich gutes Essen zuzubereiten.

Natürlich muß man auch wissen, was man mit den Einkäufen anfängt. Dies mag naheliegend erscheinen, doch nicht alle Menschen, die Qualität auf den ersten Blick erkennen, können notwendigerweise auch kochen. Es ist auch nicht wichtig, jeden Tag Fleisch oder Fisch zu servieren. Wenn Sie zarte Artischocken finden, sollten Sie sie gefüllt zubereiten, selbst wenn das etwas mehr Arbeit macht, als sie einfach nur geputzt zu kochen. Und welch wundervollen Salat kann man aus frisch gegarten Borlotti-Bohnen machen, wenn man diese vielfarbigen Bohnen frisch gepflückt zum Auspalen bekommt! Mitunter werden einem diese Mühen erspart, denn die Händler wissen um die »Zeitknappheit« ihrer Kunden, und sie bereiten die Gemüse bereits vor, was man natürlich bezahlen muß. So findet man küchenfertig vorbereitete Artischockenherzen, Gemüse für Minestrone oder Salatmischungen, die auch Rucola (Rauke), Fenchel oder Kerbel enthalten und wirklich gut schmecken.

All diese typischen Marktwaren wird man in gleicher Qualität niemals in einem Supermarkt bekommen, da dort die Liebe und das Interesse für das Produkt fehlen. Darum ist es ein solches Vergnügen, auf Märkten einzukaufen, und man kann dort sogar gute Ratschläge erhalten, wie man bestimmte Dinge zubereitet. Diese Kommunikation zwischen Kunde und Händler ist mitunter wahrlich hilfreich. Es ist ein ständiger Lernprozeß, bei dem Erfahrungen ausgetauscht werden. Auf diese Weise erhält auch so manche junge Hausfrau Kochunterricht. Ich finde es schreck-

Vorhergehende Doppelseite: *Peperoni al Balsamico* (Rezept Seite 181)

lich, daß all dies langsam verschwindet und durch eine Kette von Verteilern ersetzt wird, die ihre Produkte in fremden Ländern, in denen Arbeitskräfte billig sind, einkaufen und an Kunden verkaufen, die sich nicht um Geschmack oder Qualität scheren, solange Aussehen und Lagerfähigkeit stimmen. Das ist kein Fortschritt, auch wenn vielleicht mehr Leute das gleiche Produkt zum gleichen Preis kaufen können.

Individualität ist immer noch die Eigenschaft, die die italienische Küche von anderen unterscheidet. So ist es beispielsweise interessant, daß Menschen aus dem Süden, die in den wohlhabenderen Norden umgezogen sind, ihre eigenen Eßgewohnheiten und Nahrungsmittel mitgebracht haben. Seit mehr als dreißig Jahren kann nun die Bevölkerung der nördlichen Regionen auf dem Markt früher unbekannte Gemüse und Obst erstehen. Heute ist es für die Bewohner Mailands oder Turins ganz normal, Produkte aus Sizilien, Apulien oder Kalabrien zu kaufen, die am Vortag geerntet und über Nacht zu den lokalen Märkten transportiert wurden.

Gegen diese Entwicklung ist nichts einzuwenden, weil es sich meist um Produkte handelt, die unter natürlichen Bedingungen erzeugt wurden und daher einen guten Geschmack haben. Problematisch wird es dann, wenn Produkte in Gewächshäusern gezogen und unreif geerntet werden, um einen langen Transport und endlose Lagerung zu ermöglichen. Auch in Italien offenbaren sich erste Anzeichen einer Industrialisierung der Landwirtschaft, und einige Firmen bieten mittlerweile tiefgefrorene oder denaturierte Massenprodukte an. Ich hoffe, dies beraubt die kleinen Erzeuger nicht ihrer Existenzgrundlage, da von ihnen stets die besten Waren kommen. In der vielfältigen Weise, wie diese Gemüse zubereitet werden, liegt der Grund, warum man bei einer Mahlzeit nicht auf den Hauptgang verzichten sollte. Als Vegetarier in Italien zu leben ist wahrlich ein Vergnügen!

CAVOLO ROSSO CON MELE

Rotkohl mit Äpfeln

Für 4 Personen:

2 EL Olivenöl extra vergine
1 kleine Zwiebel, feingehackt
3 ganze Gewürznelken
500 g Rotkohl, in feine Streifen gehobelt
325 g säuerliche Äpfel, geschält und das Kerngehäuse entfernt, in dünne Scheiben geschnitten
375 ml Hühnerbrühe (es können auch Brühwürfel verwendet werden)
10 g Zucker
1 Prise gemahlener Zimt
Meersalz
frisch gemahlener schwarzer Pfeffer
2 TL Weißweinessig

Der kräftige Rotkohl kann zu allen Arten von Wild oder Geflügel wie Gans und Ente gegessen werden. Ich füge manchmal anstelle von Zucker süßen Apfelsaft hinzu, was ebenfalls einen wunderbaren Geschmack gibt. Gewöhnlich bereite ich eine etwas größere Menge zu, weil es einfach ein köstliches Gericht ist, das nach ein paar Tagen fast wie Marmelade aussieht.

Zwiebel und Nelken behutsam im Öl braten, ohne daß sie Farbe annehmen. Kohl, Äpfel, Brühe, Zucker, Zimt, Salz und Pfeffer hinzufügen. Bei mittlerer Hitze etwa 35 Minuten köcheln lassen, bis die Äpfel zerfallen sind und der Kohl weich ist. Zwischendurch gelegentlich rühren, damit der Kohl nicht ansetzt, und nötigenfalls etwas Wasser hinzufügen. Den Essig dazugeben und den Kohl weitere 5 Minuten köcheln lassen.

FUNGHI TRIFOLATI
Sautierte Pilze

Für 4 Personen:

600 g frische Waldpilze oder kleine Zuchtchampignons
1 Knoblauchzehe, sehr fein gehackt
2 EL feingehackte Petersilie
6 EL Olivenöl extra vergine
Salz und Pfeffer nach Geschmack

Trifolare *bezeichnet in Italien eine Garmethode, bei der man beispielsweise Zucchini, Auberginen oder, wie in diesem Fall, Pilze unter Zugabe von Petersilie sautiert. Das Wort leitet sich von* trifola *(im piemontesischen Dialekt »Trüffel«) ab, und das Besondere an dieser Methode besteht darin, daß den in der Pfanne sautierten Gemüsen durch das Garverfahren und Hinzufügen von Kräutern und Gewürzen ein besonderes Aroma verliehen wird. Möglicherweise wurden Trüffel, als sie noch nicht so begehrt und teuer waren, auf diese Weise zubereitet. Man kann dieses Gericht einfach mit etwas Brot essen oder als Beilage zu Fleisch oder Fisch reichen.*

Die Pilze sorgfältig putzen und alle schlechten Stellen herausschneiden, die Pilze möglichst jedoch nicht waschen. Das Öl in einer Pfanne erhitzen. Wenn es sehr heiß ist, aber noch nicht raucht, die Pilze hinzufügen und sautieren, dabei darauf achten, daß das Öl nicht spritzt. Wer nicht wagt, die Pilze durch kräftiges Schütteln der Pfanne zu wenden, kann sie rühren. Die Pilze 10 Minuten sautieren, bis sie zu schrumpfen beginnen, dann den Knoblauch hinzufügen und die Pilze weitere 10 Minuten garen. Salz, Pfeffer und Petersilie hineinrühren, abschmecken und servieren.

FAVE ALLO SPECK
Dicke Bohnen mit Speck

FÜR 4 PERSONEN:

4 EL Olivenöl extra vergine

2 Knoblauchzehen

2 Scheiben Speck, in Streifen geschnitten (50 g)

1 kg frische junge dicke Bohnen

Salz und Pfeffer nach Geschmack

Speck ist eine Spezialität, die die Österreicher im nördlichen Italien zurückließen. Vor allem in Südtirol, wo der österreichische Einfluß immer noch groß ist, wird viel Speck verwendet. In den vergangenen Jahren ist er auch im übrigen Italien immer beliebter geworden, da er mit seinem kräftigen Geschmack eine Alternative zu dem milderen Parmaschinken darstellt und außerdem erheblich preiswerter ist. Ich verwende Speck für viele Gerichte, um sie geschmacklich anzureichern.

Den Knoblauch ganz kurz im Öl braten. Speck, dicke Bohnen und soviel Wasser dazugeben, daß die Bohnen gerade bedeckt sind. Den Deckel auflegen und den Topfinhalt bei mittlerer Hitze 15 Minuten garen. Salzen, pfeffern und ohne Deckel fertiggaren, damit überschüssiges Wasser verdampfen kann.

CIPOLLINE AL BALSAMICO
Junge Zwiebeln in Balsamico-Sauce

FÜR 4 PERSONEN:

225 g kleine Zwiebeln, abgezogen

3 EL Olivenöl extra vergine

1 EL *aceto balsamico*

2 EL Rotwein

Meersalz

Diese süß-sauren Zwiebeln können als Teil eines antipasto *gegessen oder zu warmen und kalten Fleischgerichten gereicht werden.*

Die Zwiebeln in reichlich kochendem Salzwasser 15 Minuten garen, dann gut abtropfen lassen. Behutsam in dem Olivenöl braten, bis sie goldbraun sind. Essig, Rotwein und Salz nach Geschmack hinzufügen und die Zwiebeln noch einmal kurz schmoren, damit sich der Alkohol verflüchtigt.

Folgende Doppelseite (von links):

Fave allo speck (Rezept Seite 164); *Pomodori ripieni* (Rezept Seite 173)

PATATE BRASATE AL FORNO
Im Backofen gegarte Kartoffeln

FÜR 4 PERSONEN:
1 große Zwiebel, grobgehackt
750 g festkochende Kartoffeln, in 5 mm dicke Scheiben geschnitten
je ½ EL gehacktes frisches Basilikum, Salbei, Schnittlauch und Petersilie
250 g reife Tomaten, in kleine Stücke geschnitten
Meersalz
frisch gemahlener schwarzer Pfeffer
40 ml Olivenöl extra vergine

Dies ist ein bäuerliches Gericht, das auf dem Land zubereitet wird, wenn man keine Zeit hat. Man schiebt es einfach in den Backofen und kümmert sich kaum darum, doch seltsamerweise ist es gerade diese Vorgehensweise, die dem Gericht den perfekten Geschmack verleiht.

Den Backofen auf 240°C (Gasherd Stufe 5–6) vorheizen.

Die Zutaten in eine ofenfeste Form geben und mit den Händen vermischen. Für 1 Stunde oder etwas länger in den Backofen schieben, bis die Kartoffeln gar sind.

INSALATA DI PEPERONI ARROSTO

Salat von gerösteten Paprikaschoten

Für 4 Personen:

2 rote Paprikaschoten

2 gelbe Paprikaschoten

1 Knoblauchzehe (in dicke Scheiben schneiden, damit man sie nicht versehentlich mitißt) oder Knoblauchöl

Meersalz

1 EL grobgehackte frische glattblättrige Petersilie

4 EL Olivenöl extra vergine (das beste, das Sie sich leisten können)

Ich kenne niemanden, der auf diese Weise zubereitete Paprikaschoten nicht mag. Selbst meine Frau, die Paprika sonst haßt, liebt dieses Gericht. Man kann es zu allen Fleisch- und Fischgerichten servieren, doch wie ich mich vor allem entsinne, gehört es zu den großartigsten Dingen, die man im Kühlschrank finden kann, wenn man spätabends nach Hause kommt und noch einen kleinen Imbiß braucht. Man taucht ein Stück Brot in das Öl und legt einen Streifen geröstete Paprika darauf. Dies ist die herrlichste Leckerei, die als Betthupferl sogar einen Schokoladenriegel ersetzen kann.

Die Paprikaschoten rösten, bis die Haut Blasen wirft; vorzugsweise auf einem Holzkohlengrill, sonst im Backofen. Nach dem Abkühlen Haut und Kerne entfernen, dabei den Saft auffangen. Das Fruchtfleisch in ca. 2,5 cm breite Streifen schneiden. Zu den Streifen und dem Saft Knoblauch, Salz, Petersilie und Olivenöl geben und die Zutaten gut vermischen. Möglichst lange durchziehen lassen, damit sich die Aromen entfalten können.

FINOCCHIO GRATINATO
Gratinierter Fenchel

Für 4 Personen:

3 Fenchelknollen (etwa 500 g)
Meersalz
frisch gemahlener schwarzer Pfeffer
1 Prise frisch geriebene Muskatnuß
40 g Butter
1 Knoblauchzehe, zerdrückt
2 EL frisch geriebener Parmesan

In Italien ißt man Gemüsefenchel manchmal anstelle von Dessert, wobei man den zarten Mittelteil verwendet. Diese Sitte ist im Süden Italiens und dem übrigen Mittelmeerraum weit verbreitet.

Nach dem folgenden Rezept gegart, kann man den Fenchel zu allen Arten von Fisch- und Fleischgerichten servieren. Ich möchte ihn vor allem als Beilage zu einem wundervollen fritto misto di Burano *(siehe Seite 146) empfehlen.*

Den Backofen auf 240°C (Gasherd Stufe 5–6) vorheizen.

Den Wurzelansatz und harte Schuppenblätter der Fenchelknollen entfernen. Die Knollen halbieren und die Hälften wiederum in vier Stücke schneiden. Den Fenchel in reichlich Salzwasser köcheln lassen, bis er weich ist, aber noch Biß hat. Gut abtropfen lassen und in eine ofenfeste Gratinform legen. Mit Salz, Pfeffer und Muskatnuß bestreuen. Die Butter zerlassen, den Knoblauch hinzufügen und 1 bis 2 Minuten warten, bis sich die Aromen verbunden haben. Die Knoblauchbutter über den Fenchel gießen. Mit dem Parmesan bestreut für 15 Minuten in den Backofen schieben.

INSALATA DI FAGIOLINI
Salat von grünen Bohnen

FÜR 4 PERSONEN:

600 g grüne Bohnen, geputzt

2 Stengel frische Minze

1 kleine Knoblauchzehe

5 EL Olivenöl extra vergine

Meersalz und Pfeffer

Saft von 1 Zitrone (nach Belieben) oder einige Tropfen Weinessig

Dies ist eines meiner bevorzugten Gemüsegerichte, nicht nur, weil es sich rasch zubereiten läßt, sondern auch, weil es eine so phantastische Kombination von Aromen darstellt, daß es, egal ob warm oder kalt, immer köstlich schmeckt.

Da man heute diese Bohnen das ganze Jahr hindurch bekommt, braucht man ihrer Saison nicht mehr erwartungsvoll entgegenzusehen. Ich esse sie im Winter warm und im Sommer kalt als Beilage zu allen möglichen Fleisch- oder Fischgerichten.

Wenn Sie Zitrone verwenden, geben Sie sie erst in der letzten Minute dazu, da sie die Bohnen rasch verfärbt.

Die Bohnen in reichlich kräftig gesalzenem Wasser garen, bis sie weich sind, aber noch Biß haben. Gut abtropfen lassen und in eine Schüssel geben. Mit Minze, zerdrücktem Knoblauch, Olivenöl sowie Salz und Pfeffer nach Geschmack würzen. Abkühlen lassen, dabei die Bohnen gelegentlich durchheben. Den Zitronensaft, sofern verwendet, erst kurz vor dem Servieren untermischen.

VEGETALI ARROSTITI
Gemüse vom Holzkohlengrill

Für 4 Personen:

250 g Fenchel
150 g Topinambur, geschält
120 g Zucchini
250 g Auberginen
1 Radicchio di Treviso, etwa 75 g schwer, halbiert
1 große rote Paprikaschote, etwa 225 g schwer
4 große Pilze (etwa 120 g) wie Shiitake-Pilze, Austernpilze oder Wiesenchampignons

Für die Marinade:

6 EL Olivenöl extra vergine
½ Knoblauchzehe, zerdrückt
1 EL sehr fein gehackte frische glattblättrige Petersilie
Saft von ½ Zitrone
Meersalz

Von Kalifornien bis New York und von Paris bis Rom scheint die ganze Welt nach gegrilltem Gemüse verrückt zu sein. Sicher eine gute Art, heute gesund zu essen, und sei es nur, um gegen eine »üppige Vergangenheit« zu protestieren. Ich persönlich esse dieses Gericht nicht, weil es in Mode ist, sondern weil es mir schmeckt. Dabei vergesse ich sogar Fleisch.

Bei Wurzelgemüsen ist es wichtig, sie zuerst zu blanchieren. Wenn man das nicht tut, sind sie außen bereits schwarz, bevor sie innen weich werden.

Radicchio di Treviso ist eine längliche Radicchio-Sorte, an der sich noch die Wurzel befindet. Sollte sie nicht erhältlich sein, kann man normalen Radicchio verwenden.

Den Grill vorheizen.

Fenchel und Topinambur in 5 mm dicke Scheiben schneiden, in einem Topf mit kochendem Salzwasser 3 Minuten blanchieren, dann abtropfen lassen und in reichlich eiskaltem Wasser abschrecken. Mit Küchenpapier trockentupfen. Zucchini und Auberginen längs in dünne Scheiben schneiden. Die Paprikaschote entkernen und längs in Viertel teilen; die Stengel der Pilze abschneiden.

Die Zutaten für die Marinade vermischen. Mit einem Pinsel die in Scheiben geschnittenen Gemüse mit Marinade bestreichen und auf den Grill legen. Auf beiden Seiten langsam bräunen. Herunternehmen und wieder bestreichen. So fortfahren, bis alle Gemüse gegart sind. Auf einer Servierplatte anrichten (siehe Seite 174)

POMODORI RIPIENI
Gefüllte Tomaten

FÜR 4 PERSONEN:

4 große, reife Fleischtomaten (etwa 800 g schwer)
75 g frische Weißbrotkrumen
2 EL gehacktes frisches Basilikum
2 EL gehackte frische Minze
½ Knoblauchzehe, zerdrückt
Meersalz
2 EL Olivenöl extra vergine

Neben tausend anderen Verwendungszwecken können Tomaten auch als Behälter für pikante Zutaten benutzt werden, die das Aroma des Tomatenfleisches zur Entfaltung bringen. Das Garen im Backofen entzieht den Tomaten etwas Wasser und intensiviert ihr Aroma. Sofern reife Tomaten verwendet wurden, schmecken sie leicht süßlich. Man findet ähnliche Gerichte mit den verschiedensten Füllungen, darunter auch Reis, im gesamten Mittelmeerraum. Ich esse sie gern als kleinen Imbiß oder als Teil eines antipasto.

Den Backofen auf 240°C (Gasherd Stufe 5–6) vorheizen.

Oben eine Scheibe von den Tomaten als Deckel abschneiden, dann die Tomaten aushöhlen. Kerne entfernen, das herausgelöste Fruchtfleisch hacken und mit Brotkrumen, Basilikum, Minze, Knoblauch und Salz nach Geschmack vermischen. Die Mischung in die Tomaten füllen und diese in eine ofenfeste Form setzen, in der sie gerade Platz haben. Mit Olivenöl beträufeln. Die Deckel wieder auflegen und die Tomaten für 30 Minuten in den Backofen schieben.

Folgende Doppelseite (von links):
Vegetali arrostiti (Rezept Seite 172); *Finocchio gratino* (Rezept Seite 170)

CICORIA IN UMIDO
Gedünsteter Chicorée

FÜR 4 PERSONEN:
800 g Chicorée
4 EL Olivenöl extra vergine
2 Knoblauchzehen, in dicke Scheiben geschnitten
1 EL abgetropfte kleine Kapern
2 kleine Tomaten, in Scheiben geschnitten
Meersalz
300 ml Hühnerbrühe (es können auch Brühwürfel verwendet werden)

Für die Zubereitung des Gerichtes verwenden wir gewöhnlich italienische Endivie, die puntarelle *genannt wird. Anderswo nimmt man normalen Chicorée, der sich wunderbar für das Rezept eignet, da er ein wenig bitter ist, was ihn interessant macht. Eine weitere Möglichkeit ist Radicchio.*

Die Chicoréekolben längs halbieren und den unteren Schaftteil keilförmig entfernen, da er die meisten Bitterstoffe enthält. Den Chicorée 2 Minuten in reichlich kochendem Salzwasser blanchieren. Gut abtropfen lassen, in eine feuerfeste Form legen und Olivenöl, Knoblauch, Kapern, Tomaten und Salz darüber verteilen. Die Brühe dazugießen und den Chicorée zugedeckt im vorgeheizten Backofen bei Mittelhitze etwa 30 Minuten dünsten, bis er weich ist.

BIETOLE BRASATE
Geschmorter Mangold

FÜR 4 PERSONEN:
400 g Stielmangold
3 EL Olivenöl
1 kleine Knoblauchzehe, gehackt
½ rote Chilischote (nach Belieben)
1 Glas Wasser
Salz

Dieses Gemüse eignet sich gut als Beilage für verschiedene Gerichte. Geschmacklich erinnert es ein wenig an Spinat, mit dem es verwandt ist. Offenbar enthält Mangold viele Spurenelemente und vor allem Eisen. Wir sollten es Popeye nachmachen!

Die Mangoldstiele putzen und quer in schmale Streifen schneiden.

Das Öl in einer Bratpfanne erhitzen. Knoblauch sowie Chilischote, sofern verwendet, darin 1 Minute behutsam anbraten, ohne sie zu verbrennen. Den Mangold zugeben und unter Rühren braten. Das Wasser dazugießen und den Deckel auflegen. Den Mangold garen, bis er weich ist, zwischendurch gelegentlich durchrühren. Die Garzeit beträgt etwa 20 Minuten. Abschmecken und mit in Rotwein gegarter *luganiga*, einer milden Schweinswurst (siehe Seite 128), oder anderen Fleischgerichten servieren.

CAVOLO CAPPUCCIO ALLO SPECK

Weißkohl oder Wirsing mit Speck

Für 4 Personen:

2 EL Olivenöl extra vergine
25 g magerer Speck am Stück, 3 mm dick, in dünne Streifen geschnitten
½ Knoblauchzehe, sehr fein gehackt
¼ gehackte frische rote Chilischote, nach Geschmack auch mehr
350 g Weißkohl oder Wirsing, in feine Streifen gehobelt
375 ml Hühnerbrühe (es können auch Brühwürfel verwendet werden)
Meersalz und frisch gemahlener schwarzer Pfeffer nach Geschmack

Dieses Gericht wie auch der Rotkohl auf Seite 162 sind vor allem für den deutschsprachigen Teil Italiens typisch. In der Tat erinnert mich die Küche Südtirols mit Sauerkraut, Speck und Knödeln an das südliche Österreich.

Der Weißkohl kann zu Gänsebraten gereicht werden.

Speck, Knoblauch und Chilischote bei mittlerer Hitze etwa 5 Minuten in Olivenöl braten, bis sie leicht gebräunt sind. Kohl, Brühe, Salz und Pfeffer hinzufügen und mit aufgelegtem Deckel etwa 30 Minuten köcheln lassen, bis der Kohl weich ist, aber noch Biß hat.

Ein Gemüsestand in Italien.

PATATE DEI MONACI
Mönchskartoffeln

Für 4 Personen:
800 g Kartoffeln
1 mittelgroße Zwiebel
3 Zweige Rosmarin
Salz und Pfeffer
5 EL Olivenöl

Die Mönche des Klosters in Taggia ließen sich diese Beilage zu ihrem Kaninchen (siehe Seite 123) schmecken; sie paßt jedoch zu jedem geschmorten oder gebratenen Fleisch und auch zu Fisch. Solche Kartoffeln sind ganz köstlich, jedoch einfach zuzubereiten.

Den Backofen auf 220° C (Gasherd Stufe 4–5) vorheizen.

Die Kartoffeln schälen und waschen. Mit einem Tuch trockentupfen, dann längs halbieren und die Hälften in Scheiben schneiden. Die Zwiebel ebenfalls in Scheiben schneiden. Kartoffeln und Zwiebeln in eine ofenfeste Form schichten, salzen und pfeffern. Rosmarin und Olivenöl zufügen und die Zutaten gut vermischen. Im Backofen 25–30 Minuten garen.

PEPERONI AL BALSAMICO

Paprika mit Balsamessig

FÜR 4 PERSONEN:

3 rote Paprikaschoten

3 gelbe Paprikaschoten

6 EL Olivenöl

2 Knoblauchzehen, gehackt und mit Salz zerdrückt

2 EL *aceto balsamico*

Salz nach Geschmack

Eine der berühmtesten Herstellerinnen von aceto balsamico *ist Signora Giacobazzi in Modena. Sie liebt ihre Holzfässer so sehr, daß sie sie behandelt, als seien sie ihre besten Freunde. Ein Holzfaß, in dem konzentrierter Most bis zu fünfzig Jahre lagert, um zu einem der feinsten und kostbarsten Würzmittel der Welt heranzureifen, muß ganz einfach ein guter Freund werden! Für dieses Gericht ist kein fünfzig Jahre alter* aceto balsamico *nötig. Hier kann ein preiswerterer jüngerer Balsamessig verwendet werden.*

Die Paprikaschoten halbieren und nach Entfernen der Kerne in Streifen schneiden. Das Olivenöl in einer Pfanne erhitzen und die Paprikastreifen bei starker Hitze darin braten. Wenn sie kräftig zu brutzeln beginnen, gelegentlich mit einem Holzlöffel wenden, damit sie nicht verbrennen. Sobald die Ränder braun werden, den Knoblauch hinzufügen und alles noch einige Minuten garen. Dann Salz und Essig hinzufügen und rühren, bis der Essig verdampft ist.

Dieses Gericht paßt gut zu *anitra alla Verdi*, zu Gänsebraten (siehe Seiten 124 und 107), kann aber auch als eigenständiges Gericht oder zu Schweinefleisch gegessen werden.

FORMAG
Käse und Dessert

GI E DOLCI

Es ist notwendig, beim Nachtisch zwischen Käse und Dessert zu unterscheiden, da sie bei einer traditionellen italienischen Mahlzeit unterschiedliche Bedeutung haben. Es wird beides serviert. Zuerst kommt der Käse, der *formaggio da tavola,* gewöhnlich ein Weichkäse *(pasta molla)* wie *Stracchino, Taleggio* oder der allgegenwärtige *Gorgonzola* und *Bel Paese,* die man in jeder italienischen *trattoria* im Ausland findet. Gelegentlich bekommt man auch Büffelmilch-*Mozzarella,* Schafsmilch-*Ricotta* oder sogar *Mascarpone* angeboten. Heute nimmt man häufig *grana con le pere,* einen etwas jüngeren Parmesan, der gehobelt mit frischen Birnen serviert wird. Auf keinen Fall darf man Butter oder Sellerie mit Käse servieren – man ißt ihn entweder mit *grissini* oder einfach mit Brot.

Ein anderer Käse, der sich wachsender Beliebtheit erfreut, ist der »Crutin«, der jedoch nicht mit dem französischen Crottin verwechselt werden darf, mit dem er nichts gemein hat. Dieser Käse wird je zur Hälfte aus Kuhmilch und aus Schafsmilch hergestellt; sein typischstes Merkmal ist, daß er Stücke schwarzer Trüffel enthält und das Aroma von weißen Trüffeln aufweist. Der Name leitet sich von *cruta,* dem piemontesischen Wort für Keller ab, in dem der Käse zum Reifen gelagert wird. Dort entdeckte man, daß Käse, der in Kontakt mit Trüffeln kommt oder am gleichen Platz wie sie gelagert wird, ihr Aroma aufnimmt, und so entstand ein neues Produkt auf der Suche nach einem neuen Markt. Wenn ich bedenke, welcher Beliebtheit er sich in meinem Restaurant erfreut, wird er diesen auch bald gefunden haben!

Die Italiener beenden ihre Mahlzeit gern mit Süßem, daher kommt das eigentliche Dessert ganz zum Schluß. Tatsache aber ist, daß Desserts nicht die Stärke der italienischen Küche sind, und daher beenden Italiener eine Mahlzeit gern mit einer wunderbaren Schüssel voll frischer, reifer Früchte der Saison auf Eiswürfeln. Ich finde es sehr kultiviert, den Gaumen mit einigen köstlichen Früchten, Obstsalat, Walderdbeeren oder *frutti di bosco,* einer Beerenmischung, der mitunter Zitronensaft und Zucker hinzugefügt werden, zu erfrischen.

Eiscreme und Sorbet sind die am häufigsten servierten Süßspeisen, und in Italien gibt es wahrscheinlich die besten Eiscremeproduzenten der Welt. Andere Desserts sind, um ehrlich zu sein, nach einer umfangreichen Mahlzeit eigentlich unnötig.

Vorhergehende Doppelseite: *Nocino* (Rezept Seite 195)

Doch für die Unersättlichen gibt es eine Reihe von Spezialitäten, die nicht zu kompliziert sind, angefangen bei der bekannten *Tiramisù,* einer italienischen Variante der *zuppa inglese,* oder des englischen *trifle,* die einfach, aber dennoch raffiniert ist. Die ungemein beliebte *crème caramel* stammt aus Frankreich, während die Italiener die *panna cotta* erfunden haben, bei der es sich nach meinem Empfinden um eine Verwandte der französischen *crème brûlée* handelt, die aber doch anders schmeckt. Im Winter wählt man vom *carrello,* dem Wagen mit den Desserts, *Crostate di frutta* (Mürbeteigkuchen), die meist mit hausgemachter Marmelade und gegarten Früchten wie Birnen, Pfirsichen oder Äpfeln zubereitet werden.

Ein üppiges und raffiniertes Dessert ist ein *semi freddo,* also Halbgefrorenes, bei dem es sich weder um Eis noch um Creme handelt. Aber was die Italiener auch tun, sie würden niemals flüssige Crème double zu irgend etwas dazugeben. Wer darum bittet, kann einen kleinen Klecks *panna montata,* Schlagsahne, die auch in Italien gewöhnlich gesüßt ist, auf seinen Dessertteller bekommen.

Andere Spezialitäten wie *panettone* oder *colomba* sind Backwaren für Weihnachten oder Ostern, zu denen noch viele andere regionale Spezialitäten – meist Kuchen oder Torten – kommen.

In der Toskana kennt man noch eine andere sehr angenehme Art, eine Mahlzeit zu beenden. Hier taucht man einige kleine Mandelkekse, *cantucci,* in Vin Santo, einen toskanischen Dessertwein. Viele Italiener trinken zum Dessert Asti Spumante, den berühmten Muskatellerwein aus dem Monferrato. Im folgenden Kapitel werde ich mehr über Weine und ihre Zusammenstellung mit Speisen sagen.

PERE AL VINO BIANCO
Birnen in Weißwein

FÜR 4 PERSONEN:

4 reife Birnen (etwa 800 g), geschält
3 Nelken
1 Stück Zimtstange (2,5 cm)
Zesten von ¼ unbehandelten Zitrone, in dünne Streifen geschnitten
50 g Zucker
375 ml trockener Weißwein

Für die Sahne:

150 ml Schlagsahne
2 EL Williamsgeist
2 EL Zucker

Ich mag dieses Dessert, gut gekühlt, wie es ist, doch Sie können nach Wunsch auch Vanilleeis oder heiße Schokoladensauce dazu servieren. Es schadet auch nicht, neben den Zitronenzesten beim Garen noch einige Rosinen hinzuzufügen.

Einen Topf wählen, in den die Birnen gerade aufrecht hineinpassen, damit nicht zu viel Wein gebraucht wird. Nelken, Zimtstange, Zitronenzesten und Zucker dazugeben und die Birnen mit dem Weißwein bedecken. Mit aufgelegtem Deckel 25 Minuten köcheln lassen, nach 10 Minuten die Birnen umdrehen.

Die Früchte herausnehmen und abkühlen lassen. Den Wein auf die Hälfte reduzieren, also einkochen. Die Birnen in Scheiben schneiden, das Stielende aber intakt lassen. Die Weinsauce darüberschöpfen. Die Sahne steif schlagen, bis sich weiche Spitzen bilden, mit Zucker und Williamsgeist aromatisieren und mit den Birnen servieren.

PESCHE UBRIACHE
Betrunkene Pfirsiche

Für 4 Personen:
600 g Pfirsiche, gewaschen und jeweils in 8 kleine Scheiben geschnitten
40 g Zucker
1½ TL gemahlener Zimt
400 ml trockener Rotwein – je besser der Wein, desto besser das Dessert

Als ich einmal in meinem Pariser Lieblingsrestaurant L'ami Louis *aß, schlug mir der Ober nach einem herrlichen Mahl zu meinem Erstaunen ein Dessert vor, das wir im Piemont schon seit einer Ewigkeit kennen. Wenn im Sommer die Pfirsiche reif sind, verwendet man für diese Nachspeise am besten* pesche di vigna, *kleine wilde Pfirsiche, die in den Weinbergen wachsen; andere reife, saftige Pfirsiche sind jedoch auch geeignet. Man schneidet einen Pfirsich in Scheiben und legt ihn in Wein. Dann nimmt man die Scheiben mit einer Gabel oder einem Löffel heraus und trinkt den Wein dazu. Dies ist einer der einfachsten, aber schönsten Abschlüsse für eine sommerliche Mahlzeit, den man manchmal auch in kleinen Trattorien bekommt.*

Hier eine etwas edlere Version.

Die Pfirsichscheiben in eine Schüssel legen. Zucker, Zimt und Rotwein vermischen und darübergießen. Vor dem Servieren 1 Stunde kalt stellen.

TIRAMISÙ DI ALESSANDRO
Alexanders Stärkung/Tiramisù

Für 4 Personen:
2 Eier
2 EL Zucker
einige Tropfen Vanille-Extrakt
250 g Mascarpone
180 ml starker Espresso
4 EL Marsala
20 *savoiardi* (Löffelbiskuits)
½ EL Kakaopulver

Ich wuchs in einer Familie auf, in der nicht nur gutes Essen, sondern auch dessen Zubereitung sehr wichtig war. Auf einem meiner Italienbesuche stellte ich mit Freude fest, daß Alessandro, einer meiner Neffen, diese Neigung geerbt hat, als ich ihn bei der Zubereitung einer Tiramisù beobachtete. Von diesem beliebtesten aller Desserts gibt es in Italien verschiedene Versionen. Hier ist eine der einfachsten, aber köstlichsten!

Da dieses Gericht rohe Eier enthält, sollte es sofort verspeist werden.

Die Eier trennen. Die Eigelbe mit Zucker und Vanille-Extrakt verschlagen. Dann den Mascarpone hinzufügen und gut untermischen. Die Masse sollte eine cremige Konsistenz haben, falls nicht, etwas Milch hinzufügen. In einer zweiten Schüssel das Eiweiß steif schlagen, dann unter die Mascarpone-Mischung ziehen.

Kaffee, Marsala und ein wenig Zucker in einer tiefen Schüssel verrühren und die Kekse kurz hineintauchen, dabei darauf achten, daß sie nicht auseinanderbrechen. Vier Portionsförmchen mit den Keksen auslegen. Die Mascarpone-Mischung über die Kekse ziehen und die Tiramisu 1 Stunde kalt stellen. Dann mit Kakaopulver bestäuben.

PERE AL VIN SANTO
Birnen in Vin Santo

Für 4 Personen:
4 aromatische, feste Birnen
750 ml Vin Santo (1 Flasche der preiswerteren Sorte)
100 g Zucker
abgeriebene Schale von 1 Zitrone
3 Nelken
1 Zimtstange

Das übliche Dessert in Italien ist Obst. Der Sommer bietet einen ganzen Korb voll frischer Früchte: im Juni beispielsweise Kirschen, im Juli Aprikosen und Pflaumen, im August Pfirsiche und Birnen und dann Trauben. Im Winter werden gern pochierte oder im Backofen gegarte Früchte wie Birnen gegessen. Zusammen mit Äpfeln und anderen Früchten können sie als Kompott relativ langweilig schmecken. Deshalb gart man Birnen mit Gewürzen in Vin Santo!

Die Birnen schälen, aber ganz lassen. Auf diese Weise nehmen sie den Geschmack und die goldene Farbe des Weines besser an. Die Birnen in einen Edelstahltopf setzen, in dem sie gerade Platz haben, und mit Wein bedecken. Zucker, abgeriebene Zitronenschale und Gewürze hinzufügen und die Birnen mit aufgelegtem Deckel 40 Minuten garen. Den Deckel abnehmen und die Birnen weitere 10 Minuten garen. Herausnehmen. Den Wein etwas einkochen lassen, dann über die Birnen gießen. Kalt stellen.

Folgende Doppelseite (von links):
Tiramisù di Alessandro (Rezept Seite 188); *Pere al Vin Santo* (Rezept oben);
Pesche di Giulietta (Seite 194)

CROSTATA DI MELECOTOGNE

Quittentorte

Ergibt 12 Portionen:

Für den Teig:

200 ml Olivenöl
200 ml Weißwein, vorzugsweise süß
40 g Zucker
450 g Mehl

Für die Füllung:

800 g Quitten, geschält und in kleine Stücke gehackt
Saft von 1 Zitrone
3 Nelken
1 Zimtstange
400 ml Wasser
400 g Zucker

Quitten erinnern mich immer an meine Großmutter, die sie auf verschiedene Weise zu konservieren pflegte, damit wir sie während der Wintermonate genießen konnten. Noch heute gehören sie zu meinen Lieblingsfrüchten, wenn ich Marmelade oder Kompott zubereite. In dieses Rezept kommt Zitronensaft, damit sich die Früchte nicht verfärben, und reichlich Zucker, um die Säure auszugleichen. Damit die Torte nicht gar zu kalorienreich wird, verwende ich für den Teig anstelle von Butter und Eiern Olivenöl, das ein guter Ersatz für jeden ist, der auf Milchprodukte verzichten muß.

Den Backofen auf 220°C (Gasherd Stufe 4–5) vorheizen.

Um den Teig herzustellen, Öl, Wein und Zucker in einer Schüssel sorgfältig vermischen. Das Mehl unterziehen und den Teig etwas kneten. Dann für 20 Minuten in den Kühlschrank legen. Den Teig auf der bemehlten Arbeitsfläche dünn ausrollen. Eine etwa 28 cm große Obstkuchenform mit dem Teig auslegen und 10 bis 12 Minuten blindbacken.

Für die Füllung die Quittenstücke mit Zitronensaft, Nelken, Zimt und Wasser in einem Topf garen, bis sie weich werden und zerfallen. Den Zucker hinzufügen und die Quitten weitere 15 Minuten garen, bis sie marmeladenartig sind. (Falls Sie allerdings Marmelade herstellen und diese lagern wollen, müssen Sie auf 1 kg Früchte 700 g Zucker nehmen.) Die leicht abgekühlte Füllung in der Form mit einem Spatel gleichmäßig verteilen. 20–25 Minuten backen.

Für den Belag:

600 g Quitten, geschält, geviertelt und das Kerngehäuse entfernt

400 g Zucker

Wasser zum Bedecken der Früchte

Saft von 1 Zitrone

Puderzucker zum Bestäuben

In der Zwischenzeit für den Belag die Quittenviertel mit Zucker und Zitronensaft in einen Topf geben und mit Wasser bedecken. 30 Minuten köcheln lassen.

Die pochierten Quittenstücke aus dem Wasser heben und in dünne, gleichmäßige Scheiben schneiden. Dekorativ auf die Torte legen. Mit Puderzucker bestäuben und einige Minuten unter den heißen Grill setzen, bis der Zucker zu blubbern beginnt. Dadurch entsteht eine schöne Glasur.

Falls gewünscht, Sahne dazu reichen.

PESCHE DI GIULIETTA
Giuliettas Pfirsiche

FÜR 4 PERSONEN:

4 sehr reife, makellose Pfirsiche
Zesten von 1 unbehandelten Limette
einige Nelken
½ Zimtstange
1 l Soave (oder genügend, um die Pfirsiche zu bedecken)
300 g Zucker
4 EL Amaretto
weiche *amaretti* (Mandelmakrönchen) zum Servieren

Glauben Sie keinen Augenblick, daß unreife Pfirsiche besser werden, nur weil Sie dem Weißwein Zucker zusetzen! Ein Gericht wird immer so, wie die dafür verwendeten Zutaten es waren. Für dieses wunderbare Dessert braucht man große gelbe, saftige, am Baum gereifte Pfirsiche, wie sie etwa in der Gegend von Verona geerntet werden.

Die Pfirsiche waschen und in einen Topf setzen, in dem sie gerade Platz haben. Die Gewürze hinzufügen, dann die Pfirsiche mit Wein bedecken und 20 Minuten garen. Die Pfirsiche sehr vorsichtig herausnehmen, um ihre Haut nicht zu beschädigen. Den Zucker zum Wein geben und die Mischung zu einer sirupartigen Konsistenz einkochen. Von der Kochstelle nehmen und abkühlen lassen. Dann den Amaretto hinzufügen und die Sauce kalt stellen. Die Pfirsiche auf Portionsteller setzen und mit der Sauce übergießen, dazu Amaretti servieren. Sahne ist weder geschlagen noch ungeschlagen sehr italienisch, ich überlasse es daher Ihnen, ob Sie Sahne verwenden möchten!

NOCINO
Walnußlikör

8 grüne Walnüsse, geviertelt
1 l Wodka oder ein anderer klarer Schnaps
1 Stange Zimt
20 ganze Nelken
1 TL geriebener Muskat
300 g feiner Zucker

Der Johannistag am 24. Juni ist ein wichtiges Datum für Leute, die nocino *zubereiten. Dieser sehr einfache Likör wird nicht nur in der Emilia Romagna getrunken, wo jeder ihn zubereitet und dafür extra grüne Walnüsse kauft, die auf dem Markt für diesen Zweck angeboten werden. Er ist überall recht beliebt, und in Modena gibt es sogar einen Verein, wo man das Zubereiten und Probieren von* nocino *sehr ernst nimmt, bis man ein paar Gläschen davon getrunken hat. Angeblich tanzen in der Nacht zum 24. Juni Hexen um den Walnußbaum, doch der wahre Grund für die Ernte zu diesem Zeitpunkt ist, daß die Walnüsse innen noch weich sind und sich leicht schneiden lassen. Die zweite Zutat für diesen Likör ist reiner Alkohol, den man in Italien und in deutschen Apotheken problemlos als Weingeist bekommt, wenngleich er mit einer besonderen Steuer belegt ist. Dieser 90prozentige Alkohol ist allerdings leicht entzündlich und daher nicht ganz ungefährlich. Später wird er mit Wasser verdünnt und auf Trinkstärke herabgesetzt. In Ländern, in denen man keinen reinen Alkohol kaufen kann, verwendet man hochprozentigen Wodka oder anderen klaren Schnaps.*

Alle Zutaten außer dem Zucker in ein Einmachglas füllen und an einem warmen bzw. sonnigen Platz 40 Tage ziehen lassen. Während dieser Zeit bekommt der Inhalt des Glases eine dunkle Farbe. Den Zucker in der Einlegeflüssigkeit auflösen und das Ganze fein absieben, wobei Nüsse und Gewürze entfernt werden. Den Likör in kleinen Flaschen aufbewahren und nach besonderen Mahlzeiten servieren.

ANICINI DI ORVIETO
Aniskekse aus Orvieto

ERGIBT ETWA 20 STÜCK:
100 ml Olivenöl
100 ml Weißwein, vorzugsweise süß
75 g Zucker
150 g Mehl
½ TL Natron
2 TL Anispulver
1 TL Fenchelsamen

Ich mußte diese Kekse einfach backen, nachdem ich sie in einem Feinkostgeschäft in Orvieto entdeckt und probiert hatte. Man kann sie in Dessertwein tauchen, wie es in Orvieto üblich ist, oder einfach so essen. Da sie nicht mit Butter, sondern mit Olivenöl zubereitet werden, sind sie auch für Menschen geeignet, die keine Milchprodukte vertragen.

Den Backofen auf 150°C (Gasherd Stufe 1) vorheizen. Ein Backblech mit Backpapier bedecken.

Öl, Wein und Zucker in einer Schüssel sorgfältig vermischen. Dann Mehl, Natron und Gewürze einrühren. Den Teig teelöffelweise mit reichlich Abstand auf das Backblech setzen – die Kekse gehen beim Backen auf. Etwa 13 Minuten backen, bis sie goldbraun sind.

Auf einem Kuchengitter auskühlen lassen, damit sie hart werden.

LA DELIZIA DEI DOGI
Der Dogen Wonne

JEDE SORTE FÜR 6 PERSONEN:

Für das Zimteis:

1/2 l Vollmilch
150 ml Crème double
2 EL gemahlener Zimt
2 Nelken
6 Eigelb
50 g Honig (nach Belieben)
150 g Zucker

Für das Kardamomeis:

1/2 l Vollmilch
1 EL Kardamomsamen, zerstoßen
6 Eigelb
50 g Honig (nach Belieben)
150 g Zucker
100 g Pistazien, geschält und gehackt
150 ml Crème double
grüne Lebensmittelfarbe

Für das Safraneis:

1/2 l Vollmilch
1 Prise Safran
6 Eigelb
50 g Honig (nach Belieben)
100 g Zucker
150 ml Crème double

Dieses Rezept habe ich zu Ehren der Dogen von Venedig erfunden, die von ihren Reisen alle möglichen, bis dahin in Italien unbekannte Gewürze mitbrachten. Für das Rezept werden Safran, das kostbarste aller Gewürze, Kardamom und Zimt verwendet, um drei Sorten von Eiscreme zuzubereiten, die einander auf großartige Weise ergänzen.

Alle Eissorten werden nach der gleichen Methode zubereitet. Dazu in drei getrennten Töpfen Milch und Kardamom bzw. Milch mit Zimt und Nelken sowie Milch und Safran zum Kochen bringen. 5 bis 10 Minuten köcheln lassen, dann zum Abkühlen beiseite stellen. In getrennten Schüsseln Eigelb, Honig (falls verwendet) und Zucker schaumig schlagen. Nach und nach die gesamte Milch hinzufügen und unterschlagen. Die Mischung wieder in ihren jeweiligen Topf gießen und für etwa 15 Minuten im Wasserbad garen, bis sie einen Löffelrücken überzieht. Dabei rühren, damit sich keine Klumpen bilden. Dann für einen Tag in den Kühlschrank stellen. Dadurch werden Aroma und Konsistenz der fertigen Eiscreme verbessert. Ein ähnliches Ergebnis erreicht man, wenn man die Masse in den Mixer gibt und anschließend in der Eismaschine rührt. Nach 30 Minuten die halbgeschlagene Crème double (für das Kardamomeis auch die Pistazien) dazugeben, anschließend das Eis gefrieren.

Bei der Zubereitung ohne Eismaschine bis zum Durchgefrieren hin und wieder mit einem Schneebesen oder dem Mixstab durchrühren, damit sich keine zu großen Kristalle bilden. Alle drei Sorten zusammen servieren.

ITALIENISCHE WEINE

Ich werde hier nur eine kurze Darstellung italienischer Weine und ihrer Verwendung geben können – es würde ein ganzes Buch füllen, alle Weine aufzuführen und ausführlich zu beschreiben. Viel zu lange war der Ruf italienischer Weine auf dem internationalen Markt sehr gemischt. Da Italien zu den ersten Ländern gehört, die diesen herrlichen vergorenen Traubensaft erzeugten und einer der größten Weinproduzenten der Welt wurde, war es nicht nur notwendig, gute Werbung für bereits existierende hochwertige Weine zu machen, sondern auch das Qualitätsniveau insgesamt anzuheben. Der alte Name für Italien war Oinotria, ital. Enotria (Land des Weines), und er leitete sich vom griechischen Wort für Wein, *oinos,* ab: Italien war also das Land des Weines. Es waren italienische Restaurants auf der ganzen Welt, von denen es bekanntlich eine Menge gibt, die durch ihr Angebot des zunächst zögernd aus Italien importierten Weines dazu beitrugen, daß italienischer Wein einen guten Ruf bekam.

Heute hat sich die Situation drastisch verändert, denn der Wettbewerb ist härter geworden, weil urplötzlich Länder wie Australien, Neuseeland, Südafrika und Kalifornien herausgefunden zu haben scheinen, wie man Wein macht. Weitsichtige italienische Winzer wie der Toskaner Marchese Piero Antinori (um nur den berühmtesten zu nennen) begannen vor vielen Jahren schon, sich mit der Frage zu beschäftigen, warum die Franzosen anerkannte Weine von so herausragender Qualität produzieren können, obwohl sie weder einen besseren Boden oder eine bessere geographische Lage noch eine so große Palette an Trauben wie die Italiener hatten. Antinori entdeckte erst, wie man die Rebe behandelt, und dann kümmerte er sich um eine bessere Vermarktung des Weines.

Viele andere machten es dem Marchese nach und verbesserten Vielfalt und Qualität des Weines. Heute kann Italien stolz eine breite Palette an Weinen aus beinahe jeder Region vorweisen und dem Wettbewerb auf höchster Ebene standhalten. Ich, der ich lange Zeit selbst Weinhändler war und heute als Gastronom auf der Seite der Abnehmer stehe, merke dies besonders, da ich mich ständig guten Angeboten zu günstigen Preisen gegenüber sehe. Langsam beginnen Gäste, nach bisher unbekannten, speziellen italienischen Weinen zu fragen, die sie dann mit großem Vergnügen trinken. Übrigens glaube ich, daß Briten und Deutsche im allgemeinen gute Weinkenner sind – in manchen Fällen bessere als Italiener oder Franzosen. In römischen Zeiten wurde in Britannien Wein angebaut; doch erst jetzt versucht man wieder zaghaft, Trinkbares zu produzieren. Daher richtete sich das Interesse traditionell auf Weine aus anderen Ländern, insbesondere solchen, die Briten häufig bereisten. Man muß nur auf Auktionen gehen, auf denen Weine verstorbener Generäle oder Rechtsanwälte versteigert werden, um zu wissen, welche Schätze da in Kellern lagern.

Modernen Trends und Moden folgend glaubten die Italiener, oder ihre schlimmsten Weinerzeuger, mit zwei Dingen das große Geld machen zu können – Chardonnay-Traube und *barrique*. Heute ist klar, daß die Chardonnay-Traube auf der ganzen Welt mißbraucht wurde, weil sie so leicht zu ziehen ist und sich den meisten Klimaten und Böden anpaßt. Ähnliches gilt für *barriques*, jene relativ kleinen Eichenfässer, die Weinen bereits nach kurzer Zeit das Aroma des Holzfasses verleihen können, das für die meisten renommierten Weine Frankreichs typisch ist. Wann immer ich die Gelegenheit habe, ermuntere ich italienische Winzer, auch einmal mit anderen Rebsorten zu experimentieren, die bei richtiger Behandlung zu besseren Ergebnissen führen.

Ich war in Hinblick auf Wein nie ein Snob – ausschlaggebend ist, wie der eigene Gaumen einen Wein empfindet. Und deshalb würde ich sagen, ein Wein ist immer dann gut, wenn Sie ihn mögen! Gewiß gibt es einige Regeln, die uns zu einem besseren Verständnis verhelfen können, aber ich will sie hier nicht von einer Kanzel predigen wie ein anmaßender »Hohepriester des Weins«. Wenn man vielen Menschen die Kunst des Weintrinkens näherbringen will, muß man klare Worte finden. Ich schätze zum Essen ein oder zwei Gläser sehr guten Weines. Wein sollte nie als Mittel dienen, Sorgen zu vergessen oder Hemmungen abzulegen. Wein, der zum Essen getrunken wird, sollte als Teil der Mahlzeit betrachtet werden, der den Geschmack der Speisen entweder unterstreichen oder zerstören kann. Daher ist es wichtig, den richtigen Wein zu wählen.

Ich mag zum Beispiel den in Venetien üblichen Brauch, etwas Prosecco fast respektlos in einen Glaskrug umzufüllen. Dies hat den einfachen Grund, überflüssige Kohlensäure zu entfernen. Wenn man das in Venedig macht, ist es schön. Würde man es in London oder anderswo machen, womöglich auch noch mit Champagner, würde es wie snobistisches Understatement wirken. Mein Freund Giovanni Gregoletto, ein Winzer aus Valdobbiadene nahe Conegliano, wo der meiste Prosecco hergestellt wird, hat seinen Wein *ombra* – Schatten – genannt, da diese kleine Wonne von den Leuten auf der Piazza San Marco im Schatten des *campanile,* des berühmten Glockenturms, getrunken wird. Wenn man in Venedig ein kleines Glas Prosecco möchte, sagt man daher einfach »un ombra, per favore«. Oder will ein Venezianer einen Freund auf einen Schwatz und ein Glas einladen, sagt er: »Vieni, andiamo a prenderci un ombretta« – Komm, wir trinken eine *ombretta,* was eine liebevolle Form für *ombra* ist. Ich finde das eine hübsche Angewohnheit, bei der man nur leider nicht weiß, wann man aufhören muß. Andere befreundete Winzer, die Familie Bava in Cocconato in der Provinz Asti, verbinden die Klänge beliebter Instrumente aus der Gegend mit ihren Weinen. Wie Roberto Bava glaubt, hat der Charakter eines speziellen Weins eine Affinität zu dem Klang eines bestimmten Instrumentes. Und er lädt zahlreiche Freunde zu Konzerten mit Umtrunk ein, um zu beweisen, daß es stimmt. Am Beginn eines Konzertes hat man vielleicht noch Zweifel, doch nachdem man Barbera Stradivario und Bombardina Dolcetto oder Moscato Trombone zu der überaus wunderbaren Musik von Studenten der Accademia Musicale di Torino probiert hat, ist man überzeugt.

Wein und Speisen sollten einander ergänzen und keinen zu großen Kontrast bilden. Gewiß, als Aperitif kann man einen Perlwein trinken, der gewöhnlich aus Venetien kommt, wie etwa Prosecco, oder auch die schwereren Weine des Südens, wie trockenen sizilianischen Marsala (der einem guten Sherry gleichkommt), einen Erbaluce di Piemonte oder auch einen Blanc de Mogeux, ein wunderbarer moussierender Weißwein aus dem Aostatal (wo französisch gesprochen wird).

Kommen wir nun zu den *antipasti,* bei denen die Weinauswahl wegen der vielen eingelegten Speisen, die den Appetit anregen sollen, etwas schwierig ist. Wie wir wissen, kann Essig, die Säure von Zitronen oder ähnliches den besten Wein kaputtmachen. Gewöhnlich wird ein trockener Weißwein empfohlen wie ein Soave oder Pinot Grigio aus Venetien, ein Orvieto Secco aus Umbrien, auch ein Pigato aus Ligurien oder der neue Galestro aus der Toskana. Überdies ist es möglich, zu all den Schinken- und Salamisorten aus der Emilia Romagna einen gekühlten trockenen Lambrusco zu trinken, besser aber bleibt man bei dem weißen Trebbiano aus der gleichen Gegend.

Auch die Auswahl des Weines zum ersten Gang ist aufgrund der enormen Vielfalt der Aromen nicht einfach. Es läßt sich unmöglich festlegen, was man zu Pasta, Risotto oder Polenta trinken soll. Die Grundregel lautet, den lokalen Wein zu trinken, von dem es viele Sorten gibt, wobei gilt: Je würziger eine Speise, desto kräftiger müssen Geschmack und selbst Farbe des Weins sein. Der Dolcetto aus dem Piemont etwa paßt sehr gut zu Agnolotti, eine Art piemontesische Fleischravioli, während zu einem guten Risotto mit Trüffeln ein milder Barbaresco gereicht werden sollte. Weitere Weine für den ersten Gang sind junger Chianti (kein Riserva, er ist älter) oder ein Gewürztraminer aus Tirol. Zu einer Lasagne trinkt man einen guten Sangiovese, zu Polenta mit einer Hühnerfleisch- oder Kaninchensauce einen Carema, einen kräftigen Nebbiolo, wie er von meinem alten Schulfreund Luigi Ferrando hergestellt wird.

Bei den Hauptgerichten ist die Sache einfacher, da es eine klare Trennung zwischen Fisch, hellem Fleisch, dunklem Fleisch und Wild gibt. Auch wenn es nicht verpönt ist, einen gekühlten leichten Rotwein wie einen Bardolino oder Grignolino zu einem sehr pikanten gegrillten Fisch wie Schwertfisch oder Thunfisch zu trinken, wird im allgemeinen

Folgende Doppelseite: Eine Auswahl italienischer Weine und Käse mit (vorn links) *Crostata di melecotogne* (Rezept Seite 192) und (Mitte) *Anicini di Orvieto* (Rezept Seite 196).

MOSCATO D'ASTI
MACULAN
1991
TORCOLATO
Carluccio's
RATAFIA' DI FRAGOLA
STRAWBERRY LIQUEUR
VIN SANTO
PICOLIT
COLLI ORIENTALI DEL FRIULI
GIOVANNI DRI
1992
BRIC TUPIN'
DELTETTO CARLO
La Caudrina
DONNAFUGATA

PASCENA
1988
VINO DA DESSERT
VinSanto
GEOGRAFICO
ITALIA
1992
DINDARELLO
VINO DA TAVOLA DEL VENETO
ALLEGRINI
BAVA
Carlaccio's
VIN SANTO
TOSCANO
VINO DA TAVOLA TOSCANO
14%VOL 37.5CL
VERDAČ DI
RIVACORTE
VINO DA TAVOLA BIANCO
DEL FRIULI - VENEZIA GIULIA
1991
1993

zu Fisch ein trockener Weißwein gereicht. Ich würde in diesem Fall einen Gavi di Gavi empfehlen oder den ganz ausgezeichneten Pomino il Benefizio von meinem Freund Frescobaldi, dessen Familie schon seit 600 Jahren Wein macht, überdies Bianco di Custoza, Pinot Bianco und Verdicchio bis zu dem schwereren Greco di Tufo, den ich auch zu mild gewürztem Huhn trinken würde. Zu dieser Art von hellem Fleisch gibt es aber eine Reihe neuer Chardonnays mit rauchigem Aroma, die sehr gut passen. Zu anderem hellen Fleisch, etwa von Kalb, Pute, Huhn oder Kaninchen, wird ein leichter Rotwein wie Valpolicella gereicht, aber auch ein Barbaresco oder Franciacorta, Sassella oder Grumello. Barbera Stradivario paßt gut zu Wild. Die höchste Kategorie der Rotweine ist den ganz edlen Wild- und Pilzgerichten vorbehalten, die in Italien besonders gern während der betreffenden Saison gegessen werden. Fasan, Rebhuhn, Ente und Gans verlangen nach einem kräftigen Wein wie einem alten Barbaresco oder einem guten Rosso di Montalcino oder Montepulciano d'Abruzzo. Ein oder zwei Gläser Amarone können zu einer fettreichen Gans passen, während man den König der Weine, den Barolo, jedoch am besten zu *camoscio* (Gemse) und Polenta oder Wild mit Steinpilzen reicht. In dieser Kategorie finden sich auch hervorragende Weine wie Brunello di Montalcino, Tignanello, Sassicaia und Solaia, die außerordentlich gut, aber auch recht teuer sind.

Was den Käse betrifft, so haben die Italiener nicht die gleiche Eßkultur wie ihre französischen Nachbarn, und daher ist von körperreichen bis schweren Rotweinen alles denkbar. In Italien findet man die größte Vielfalt an Dessertweinen, da fast jede Region ein oder zwei *passitos* für das Dessert produziert! Da ist zunächst einmal das Piemont mit seinem einzigartigen Moscato d'Asti oder Moscato di Canelli, dem Dogliani oder dem einfachen Asti Spumante, der aus der Muskattraube hergestellt wird, aber nicht völlig vergoren ist, so daß er eine große Menge Restzucker und wenig Alkohol, aber ein unglaubliches Aroma und Bukett hat. Ein gut gekühlter moussierender Moscato Naturale aus Piemont ist vielleicht einer der besten und leichtesten Dessertweine. Er wird zu allen Arten von Süßspeisen getrunken, insbesondere an Weihnachten zu einem Stück *panet-*

tone. Man verwendet ihn auch für alle anderen festlichen Gelegenheiten, da er weithin erhältlich und erschwinglich ist. *Passitos* sind kräftigere Weine, für die die Trauben gewöhnlich recht spät geerntet werden, wodurch sie einen erhöhten Zuckergehalt haben und der Wein einen höheren Alkoholgehalt bekommt. Eine andere Methode besteht darin, sehr reife Trauben zu ernten und sie zum Trocknen auf Strohmatten zu legen. All diese Weine haben eine natürliche Süße und ein nuancenreiches Bukett wie auch einen Alkoholgehalt, der bei 16 oder 17 Prozent liegt. In diese Kategorie gehört der Malvasia aus Piemont und der Passito di Caluso, der Picolit, Moscato Rosa, der Torcolato aus Venetien, der Sciacchetrà aus Ligurien, der Vin Santo aus der Toskana, Monica di Sardegna, der Lacrima Christi di Campagnia und die verschiedenen Passitos di Pantelleria und Marsalas aus Sizilien. Die meisten dieser Weine werden gekühlt getrunken, nicht jedoch halbtrockener alter Marsala.

Doch zu welchem Anlaß Sie auch Getränke kaufen, denken Sie daran, daß Italien heute jeden Wein bieten kann, den Sie vielleicht brauchen – ersuchen Sie Ihren Weinhändler um weitere Informationen.

REGISTER

Alphabetisches Rezeptverzeichnis – Italienisch

Alphabetisches Rezeptverzeichnis – Deutsch